Viajar por la vida

Viajar por la vida

Nuevas herramientas para vivir a plenitud

Gaby Pérez Islas

Diseño de interiores: Víctor M. Ortiz Pelayo
Diseño de portada e ilustraciones de interiores: Alma Nuñez y Miguel Ángel
Chávez / Grupo Pictograma Ilustradores

© 2015, Editorial Planeta Mexicana, S.A. de C.V.
Bajo el sello editorial DIANA M.R
Avenida Presidente Masarik núm. 111, Piso 2
Polanco V Sección, Miguel Hidalgo
C.P. 11560, Ciudad de México
www.planetadelibros.com.mx

Primera edición en formato epub: febrero de 2015
ISBN: 978-607-07-2596-8

Primera edición: febrero de 2015
Décima séptima reimpresión: junio de 2021
ISBN: 978-607-07-2563-0

Impreso en los talleres de Litográfica Ingramex, S.A. de C.V.
Centeno núm. 162-1, colonia Granjas Esmeralda, Ciudad de México
Impreso y hecho en México - *Printed and made in Mexico*

Dedico este libro al futuro
y las posibilidades que con él vendrán.
A mis nietos, a quienes amo desde ahora, cuando
son tan sólo una idea en mi cabeza,
y a quienes daría dos recomendaciones:
sean felices y viajen mucho. Y desde luego, al que
será el abuelo de esos niños;
Luis, tú y yo juntos en este nuevo viaje.

Contenido

Prólogo   11
Prefacio   19

Capítulo 1

¿Qué llevas en la maleta?   25
   Ejercicio de Memoria   36
El aeropuerto o la estación   38
La sala de espera   40
   Ejercicio de Esperanza   44
Abordar, soltar el control   45
   Ejercicio de Liberación   53
¿A qué huele la vida?   54
¡Salud! Un brindis para celebrar   58

Capítulo 2

La llegada y la ilusión de un comienzo   65
El viaje no siempre sale como lo planeaste   70
   Ejercicio de Humildad   74

Dejarte sorprender 79
   Ejercicio de Asombro y Reverencia 84
Continuar el trayecto 86
   Ejercicio de Recuperación 91

Capitulo 3

Descubrir y descubrirte 95
   Ejercicio de Descubrimiento 100
Conquistar y conquistarte 101
   Ejercicio de Introspección 104
Para algunos el viaje concluye 105
   Ejercicio de Soltar 114
¿De dónde sacar fuerzas? 115
Con los ojos nublados pero deseando ver 120
   Ejercicio de Visualización 124

Capitulo 4

Se acerca el final del viaje 127
   Ejercicio de Cierre 135
La satisfacción del deber cumplido 138
Los recuerdos: tu tesoro, no tu lastre 147
   Ejercicio de Selección 153
Ahora eres vela, no ancla 159
Fin del trayecto: el reencuentro 163

Agradecimientos 173

Citas 177

Bibliografía recomendada 179

Prólogo

Fue Rebeca Mangas, productora de nuestro programa de radio, quien nos presentó. Una amiga de Rebe, paciente de Gaby, le había sugerido que invitáramos a su tanatóloga al estudio. Ese día, en el lejanísimo 2012, Rebe me dijo algo que todavía recuerdo perfectamente: «Martha, vas a ver: te quiero presentar a un ángel». Nunca me había puesto a considerar con seriedad el aspecto físico de los ángeles, así que tuve muchos problemas para reconocer a Gaby como uno de ellos de inmediato. Sólo con el tiempo, y los años que llevamos trabajando juntas, me he dado cuenta que Rebe, en efecto, tenía la bocota llena de razón.

En el primer programa que hicimos con Gaby hablamos sobre el libro que traía entonces bajo el brazo: *Cómo curar un corazón roto*, me pareció un título excepcional, y que planteaba una pregunta a la que muchas veces habíamos querido dar respuesta en la radio. Resultó que Gaby tenía un montón de ideas que de inmediato me hicieron clic. De pronto, y sin habérmelo propuesto, ya tenía tanatóloga de cabecera. A la fecha, el *podcast* de ese día lo siguen descargando montones de cuentahabientes.

Desde entonces he querido tener a Gaby cerca, cerquita: cada vez que está con nosotros en cabina, las redes sociales se llenan de mensajes y los teléfonos suenan todo el rato con una bola de llamadas: de corazones rotos; de corazones reparados; de todos aquellos que reconocen en Gaby una voz super real, honesta, directa (yo siempre digo que viene a zarandearnos) pero amorosa. Los temas que tocamos son muy fuertes y entonces pasa algo curioso: una parte de mí no quiere oír ni una palabra más y la otra se muere porque siga hablando. Así pasa con Gaby.

Así me pasó no sólo con *Cómo curar un corazón roto*, sino con su siguiente libro *Elige no tener miedo*, en el que Gaby recupera las historias de algunos pacientes suyos que literalmente ponen la piel chinita. Uno siente que igual y estaría mejor echado, viendo videos de gatitos en YouTube, pero al mismo tiempo no puede separar los ojos del libro: cada capítulo es un aprendizaje completo.

Hace unos meses Gaby me contó que ya estaba trabajando en este, su libro nuevo; en ese entonces, a punto de terminarlo, me pidió a mí que hiciera el prólogo. *Viajar por la vida* era otro título tan chido que me daban ganas de haberlo escrito yo. Lo mismo pensaba Gaby. «Martha», me dijo, «nadie sabe de viajes y de producirse la vida más que tú». No sé si eso será cierto…pero me gustó cómo lo dijo y le dije: ¡va!

Aunque la verdadera razón por la que acepté es que en este libro se junta una de mis más grandes pasiones –viajar– con una de mis más grandes preocupaciones, la pérdida. Juntar lo que me da paz y lo que me la quita en un mismo libro me pareció increíblemente interesante. Eran, de nuevo, estas ganas de cerrar el libro y al mismo tiempo de no dejar de leerlo.

Hacer de la lectura una metáfora del viaje (o al revés, del viaje una metáfora de la vida) es tan lógico que por eso el Quijote, con todas sus aventuras, fue el *bestseller* por excelencia del siglo XVII.

Para leer, uno tiene que ponerse cómodo, revisar que no le esté goteando el aceite, y dejarse llevar por la fuerza y el impulso de las palabras, por el motor de la oración o por el siguiente párrafo. Leer es viajar porque las páginas, literalmente, van pasando, y con ellas la imaginación de los lectores: los escenarios a donde nos llevan los capítulos, los personajes con los que nos encontramos, las emociones propias de cada nudo en la trama. Lo que pasa en un libro a veces no lo podemos separar de lo que nos pasó a nosotros. Viajar y leer son en realidad dos sinónimos coquetos de vivir.

Viajar merece lo que se pague por ello. Descubrir el mundo es una de esas invitaciones que uno no tiene que hacerme dos veces. Siempre que regreso de un viaje les comparto a mis queridísimos cuentahabientes todos los detalles; no para presumir, sino para motivarlos a que se lancen, picarlos para que se atrevan a ponerse nuevos retos y llegar a todos esos destinos que jamás habían pensado. Que no crean, de entrada, que ese algo está fuera de sus posibilidades, sino que luchen por ello y lo consigan.

Porque de nada sirve viajar si después no podemos compartir con alguien lo que aprendimos. Si ya nos fuimos hasta el Tíbet a encontrarnos a nosotros mismos, qué nos cuesta copiarle en un mensaje a la amiga neurótica los mantras más efectivos. Ninguna guía impresa es tan socorrida como el consejo personal: la lista de lugares que a nosotros nos gustaron, las partes que puedes saltarte perfectamente, o lo que de plano tienes que evitar a toda costa (comida carísima pero con huevo crudo por encima, por ejemplo). Seguimos siendo más los que confiamos en lo que nos cuenta un amigo que lo que nos sugiere un algoritmo. ¿Qué es la amistad sino compartir lo que vivimos?

Y en la vida, queda claro, también perdemos. No siempre, y no todo el rato, pero de que perdemos, perdemos. O perderemos. Me gusta mucho una frase de Mariano Barragán que dice más o menos así: podemos perder todo siempre y cuando no perdamos la lección. De ahí que siempre tratemos de tener especialistas (como Gaby) en el programa y en la revista *Moi* que nos ayuden a recorrer, de su mano, los caminos que nosotros no conocemos. Que nos compartan lo que saben y han estudiado, sobre todo cuando se trata de los caminos espinosos, para evitar los baches o auténticos cráteres tipo Periférico que podemos encontrar a lo largo del recorrido, de la aventura, de la vida-lectura.

El caso es que en el ganar y el perder vamos aprendiendo juntos.

Viajar por la vida es exactamente eso: un recorrido especial que Gaby Pérez Islas nos comparte en este que es, sin duda, su libro más personal, y que representa una auténtica carta abierta de amor a la vida, sin saltarse ninguna de las partes del viaje: las buenas y las malas; la planeación y el imprevisto; el momento increíble y la vuelta a casa; y hasta el fin mismo del viaje.

Son cuatro capítulos que se van como agua: lo mismo que nos pasa cuando disfrutamos unas vacaciones merecidas o un viaje increíble. Lo que se disfruta pasa en un segundo. Pero vale la pena detenerse en ese segundo para explorar todo lo que lo rodea: ¿cómo llegamos ahí? ¿Por qué elegimos ese destino? ¿Quién va conmigo? ¿Qué aprendí del viaje? Este libro no es una crónica de viajes cualquiera, ni la historia de un fin de semana de Gaby en Cuernavaca. Este es un libro-viaje que compartimos todos los que somos parte de la aventura un tanto estrafalaria que nos ha venido en gana llamar *vida*. Lo que aquí pasa podría ser tu vida, o la mía.

El libro mezcla anécdotas increíbles que van desde lo cómico hasta lo que nos hace llorar (¿¡Por qué nos haces esto siempre, Gaby!?), con reflexiones interesantes que complementan la historia, quizá para hacernos ver que hay lecciones de vida en todos lados: sólo es cuestión de que tengamos los ojos abiertos y queramos aprenderlas.

A veces cuando uno habla de aprendizaje lo primero que viene a la mente es un pizarrón verde (¿todavía existen?) y una especie de reproducción chafa de una escuela primaria. Aprender es, en realidad, una actitud y una disposición mental continua, seguida, ininterrumpida desde que somos niños hasta que nos volvemos abuelos. Aprender es un compromiso con la vida. Es no sentirse satisfecho con las explicaciones sencillas o con las soluciones fáciles. Es querer escuchar a los demás y reconocer que todos tenemos algo que aprender de los demás. Es, sobre todo, mantenernos despiertos, vivos en el sentido más amplio de la palabra. *Viajar por la vida* es, entonces, uno de esos regalos maravillosos con los que uno se topa de cuando en cuando: al leerlo uno aprende un chorro pero sin sentir que le están dando una clase. De pronto, y a cada quién le pasará en una página distinta (no les digo la mía para que no me copien), te das cuenta de que ya te cayó el veinte de lo que Gaby nos quiere decir: que la vida puede vivirse mejor si dejamos de esperar tanto y seguimos sorprendiéndonos y agradeciendo lo que llega.

Saber que en este momento tienes este libro en tus manos es la mejor prueba de que se trata de una travesía que haremos juntos. Yo no pienso dejar de viajar nunca y, que Gaby me perdone, pero no creo ser capaz de llevar menos maletas; pero lo que sí haré después de leer este libro, es vivir la vida (y los viajes, que son lo mismo) de manera más consciente. Consciente de que cada instante es un regalo irrepetible. Consciente de que el tiempo es limitado y los recursos también, y que por eso conviene usarlos de la mejor manera, exprimirlos al máximo, hacerlos que rindan como nunca. Consciente, también, de que la maravillosa compañía de quien esté a mi lado es un tesoro que jamás puedo dar por sentado. Y consciente, por último, de que vivir es viajar, que viajar es leer, y que la tanatología no sólo habla sobre la muerte, sino que habla, sobre todo, de la vida, de los vivos, de lo que podemos hacer ahora, que es el único tiempo en que podemos hacer cosas.

Entiendan este prólogo entonces como una invitación a una lectura de crecimiento, que al mismo tiempo es un llamado de atención si no están gozando su vida, y un aplauso si además de hacerlo han cerrado duelos y descubierto en las lecciones diarias, herramientas para vivir a plenitud.

A partir de este momento, la tripulación prepara los toboganes. ¡Nos aventamos!

Martha Debayle

Prefacio

> «La muerte está tan segura de su victoria
> que nos da toda una vida de ventaja.»
> Refrán popular

La velocidad con la que vivimos es a veces vertiginosa; no nos detenemos para nada, tampoco para pensar. De pronto, alguna circunstancia te deja por horas atado a una silla en espera, y puedes convertir ese momento en tiempo fértil si lo utilizas para estar contigo mismo.

De hecho eso hizo que surgiera en mí la idea de este libro. Quince días fuera de casa sin iPod, iPad ni iPhone hicieron que al fin en el no *iNada* me encontrara con este proyecto: un libro donde se hablara del gran viaje que es la vida, etapa por etapa, en una metáfora extendida que transportara a todos sus lectores a lo más profundo de su memoria, sus recuerdos y recursos personales.

El lapso que transcurre entre tu nacimiento y tu muerte no es tan sólo un paréntesis ni un compás de espera: es la experiencia más profunda que puede ser compartida. Es un viaje extraordinario, y pocas cosas en la vida dan tanta ilusión como viajar.

Hacer una maleta tiene magia. Empacar para la diversión, para lo inesperado y, desde luego, reservar espacio con el fin de traer a casa alguna que otra cosa como recuerdito del lugar donde has estado.

Todo viaje comienza empacando, incluyendo la muerte.

Pero comienzo hablando de la vida: a tu llegada a este plano familiar donde eres bienvenido, claro está, no había posibilidad de traer equipaje excepto lo puesto: una herencia genética, un carácter y rasgos que te hagan parecerte a alguien que seguramente ya tuvo el mismo nombre que tú. Potencias diría yo, a explotarse o desperdiciarse según el destino, la actitud y la suerte.

Te reciben y aunque lo hagan con gran amor, ahí mismo comienzas a perder. Siempre hemos creído que a la vida venimos a ganar y tal vez sea todo lo contrario, precisamente porque en la pérdida, y no en la ganancia, radica el aprendizaje.

La vida se trata de perder: perdemos habilidades, perdemos facultades, perdemos a nuestros seres queridos, perdemos la vista,

> perdemos el color del pelo, perdemos las ga-
> nas, perdemos el andar, perdemos amores,
> perdemos amigos, perdemos dinero y juven-
> tud.[1]

Dejaste la seguridad del vientre materno, lo aco-
gedor, húmedo y oscuro de tu cunita celular donde
siempre estuviste acompañado de un sonoro latir
que musicalizó tu llegada al mundo. Todo queda
atrás para comenzar una aventura, esperemos que
llegues en un buen momento de la relación de tus
padres, que puedas respirar y que sobrevivas esto de
la mejor manera posible. Pareciera que estoy hablando de duelos, ¿verdad? Sin embargo hablo de vivir.

La tanatología es una herramienta de vida, te
enseña a vivirla con absoluto protagonismo y responsabilidad. Por su etimología (*thanatos*: muerte)
muchos la evaden, pues creen que consultar un tanatólogo es señal de darse por vencido, de asumir
su muerte cercana. Pensar que no enfrentar un
proceso de pérdida solo es símbolo de debilidad,
es un error.

La tanatología es una disciplina que te guía
para desprenderte y dejar ir tus objetos de afecto;
asimismo te ayuda a dejarte ir a ti mismo llegado
el momento de la muerte, pero no vencido, sino
como vencedor.

Es un barandal de apoyo emocional, ahí está
para asirte de él cada vez que tambalees o dudes;
en cuanto recobres equilibrio y balance puedes sol-

tarlo y continuar seguro tu andar. Sí, es cierto que no tiene el nombre más bonito. Decía un maestro del Instituto Mexicano de Tanatología que debería llamarse Biología por todas sus bondades y las instrucciones de vida que da, pero que ese nombre ya nos lo habían ganado. Con tanatología nos quedamos y hoy en estas páginas te invito a descubrirla no en una cama de hospital, ni en un panteón, ni celebrando un 2 de noviembre. Te llevo de viaje conmigo por la vida, para irla descubriendo justamente ahí.

«La vida no es más que un viaje hacia la muerte.»

Séneca

Capítulo

1

¿Qué llevas en la maleta?

Hacer bien una maleta significa asegurarse de llevar en ella todo lo que pueda necesitarse y no empacar de más, para no estar cargando cosas que estorban. Cargar mucho te hace cansarte pronto, te lleva a ponerte de mal humor y en riesgo de descuidar alguno de los bultos o maletas.

¿Cuántas veces te ha pasado que llevas cosas que pensabas usar pero literalmente fueron de paseo? Ni las sacaste de la maleta ni te hicieron falta.

Esto lleva sin duda a una primera reflexión: tienes muchas más cosas materiales de las que realmente necesitas. Pero no son bienes acumulables, son objetos que te encadenan, que te hacen creer que los necesitas, que te parecen imprescindibles. Decía Julio Cortázar:

Cuando te regalan un reloj te regalan la necesidad de darle cuerda todos los días, la obligación de darle cuerda para que siga siendo un reloj; te regalan la obsesión de atender a la hora exacta en las vitrinas de las joyerías, en el anuncio por la radio, en el servicio telefónico. Te regalan el miedo a perderlo, a que te lo roben, a que se caiga al suelo y se rompa. Te regalan su marca, y la seguridad de que una es mejor que otras, te regalan la tendencia a comparar tu reloj con los demás relojes. No te regalan un reloj, tú eres el regalado, a ti te ofrecen para el cumpleaños del reloj.[2]

Y entiendo bien que cuando en un asalto no quieres entregar tus objetos de valor no es por aferrarte a ellos, sino por no ceder a la arbitrariedad de ser despojado impunemente. Sin embargo, no merece la pena perder la vida por mantener esa postura. No debería pasar, claro está, pero se debe pensar en el sufrimiento de nuestras familias antes que en la idea de hacer justicia.

No hay nada material que realmente necesites fuera de comida y agua para cubrir tus necesidades más elementales. La verdad es que no necesitas una bolsa negra, la quieres. No necesitas unos tenis de determinada marca, se te antojan, que es distinto.

Los verdaderos indispensables para comenzar el viaje son: actitud, disposición y mente abierta.

Cada vez que viajo con mis hijos y marido vuelvo a maravillarme de lo prácticos y sencillos que suelen ser los hombres. Llevamos tan sólo una maletita de esas que denominan *carry on* para poder llevarla con nosotros en el compartimento superior a nuestro asiento. Nada de esperar tiempo a que lleguen y empiecen a desfilar las maletas, nada de que no llegó alguna y hacer corajes. Con ellos todo es veloz, pues no se pierde ni un minuto de la cultura y aventura que esperan tras las puertas de cristal que suelen separarte del verdadero clima y condiciones del lugar al que has llegado.

Nuestros amigos no pueden creer que sobrevivamos con tan poco equipaje y resistamos la tentación de acabar de compras en cualquier sitio. Simplemente no hay dónde guardar y si adquiriéramos muchas cosas nos arrepentiríamos después, cuando tuviéramos que cargar dicha maleta en las empinadas escaleras del metro o por la calle, para llegar a nuestro hotel.

Los taxis son artículos de lujo de los cuales solemos prescindir; hemos descubierto que utilizar el transporte público del lugar no sólo te lleva a donde deseas, también a conocer más del estilo de vida y costumbres del sitio que visitas.

De un tiempo para acá el estilo con mi familia es viajar ligeros. Nada de dos maletas por persona ni de excesos ni de perder bolsas porque llevas más de ellas que el número de manos que tienes.

Tampoco traigo muchos *souvenirs* a mi regreso, pero a todos mis seres queridos los llevo siempre en el corazón y les obsequio algo que puede servirles mucho más que una platito o un llavero: les traigo una Gaby renovada, con pila recargada y muchas anécdotas y alegrías que compartir.

No siempre fui así y creo que le debo a mi hijo mayor un aprendizaje vivencial: no es más feliz quien más tiene sino quien necesita menos.

Probablemente hasta se me esté pasando la mano porque últimamente, estar conmigo misma significa no necesitar nada más; es una vacación completa: una clase de Yoga o escuchar una pieza de Bach representan un viaje absoluto, como un ejercicio de dignidad.

Puede ser que las cosas que hacen tan maravilloso un viaje sean tres:

1) La convivencia con los tuyos.
2) Lo que aprendes de ti.
3) La certeza de que se va a acabar. Por eso hay que disfrutarlo todo.

Muchas veces los niños pequeños no han ni terminado de llegar a un lugar y ya preguntan con angustia anticipatoria: ¿Cuándo nos regresamos? ¿Cuántos días nos quedan? ¿Falta mucho para irnos? Pero, ¿qué sentido tiene el empezar a sufrir antes de que se acabe el paseo?

Esto no es algo que solamente hagan los niños. ¿Conoces a personas que dicen: «Vivo angustiada pensando que podría pasarle algo a mis padres», pero sus papás están vivos y bien, y ellos no los disfrutan por pensar en lo que podría pasarles? Eso no es vida, es un estado de cautiverio emocional.

No todos los viajes acumulan millas, unos son trayectos dolorosos que no planeabas y que sin embargo llegan como esa cita no agendada con el destino.

Me refiero a las enfermedades y a las pérdidas, los desengaños, el desempleo, las injusticias y las traiciones. Todas ellas, tránsitos difíciles para el alma, debilitan el cuerpo pero fortalecen el espíritu.

En una conferencia reciente los planteé como sucesos equivalentes a caer hacia arriba. Te desplomas pero esa caída representa un camino de crecimiento, por las ganancias que de ella recibes sin esperarlas; resulta una vivencia que al cabo del tiempo te construyó y no te destruyó. La sensación de vacío se siente, pero creces con la experiencia y te reconoces a ti mismo resiliente, más fuerte y sabio.

Resistirte a la experiencia dolorosa es como esperar que la moneda tuviera sólo una cara y no dos, que Dios no fuera Dios sino un empleado que obedeciera todo lo que pides. Algo fundamental en la enseñanza de rezar y platicar con nuestro padre espiritual es no pedir algo específico sino aceptar lo que convenga, lo que debe ser. Ese es el verdadero sentido de «hágase tu voluntad».

Es infantil pensar que si hicieras un berrinche (porque eso hacemos cuando no nos gusta lo que pasa) lo suficientemente fuerte y estruendoso, te regresarían tu salud, tu trabajo, tu relación perdida o a tus padres. No es así, y quedarte enojado mucho tiempo te deja con los puños cerrados ante la vida. Hazlo: cierra tu mano y date cuenta a quién le estás clavando las uñas.

La vida debe vivirse como una vacación, sabiendo que se va a acabar, pero deseando disfrutar y exprimirle cada instante; con clara consciencia de su gran costo para no caer en desperdicio. Debes estar consciente de que la vida es única e irrepetible.

Elisabeth Kübler-Ross, madre de la tanatología y su más grande exponente, hablaba de vivir la vida sabiendo de su finitud pero sin hacerte mayores ideas o albergar miedos respecto de tu muerte.

Si todos nosotros hiciéramos un sincero esfuerzo para reflexionar sobre nuestra propia muerte, para afrontar las inquietudes que rodean la idea de nuestra muerte, y para ayudar a otros a familiarizarse con estos pensamientos, quizá se lograra disminuir la tendencia a la destrucción que experimentamos a nuestro alrededor. [3]

Revisa qué traes en tus maletas, ¿qué de ello ya no te sirve para nada? Tal vez algún día lo hizo pero ahora estorba (como ser la niña consentida de papá o el muchacho irresponsable pero simpático que tanto éxito tenía con las chicas en preparatoria). Recuerda lo que llevas, asegurándote de tener suficiente autoestima, amor y servicio a los demás.

El resentimiento y el rencor pesan demasiado y, te aseguro, pagarás exceso de equipaje.

Llegó el momento de soltar esas memorias de hechos dolorosos que te robaron la posibilidad de felicidad en el pasado, pero que si ahora eres tú quien los evoca te convierten en tu propio agresor. Eres tú quien se impide ser feliz en el presente, no es nada ni nadie que te haya lastimado en el pasado. Sólo tú decides cargar esos difíciles recuerdos y llevarlos contigo a donde vayas.

Esto lo haces sin tregua, con memoria nítida y heridas aún sangrantes tras años de ocurridas. No perdonar o conservar resentimientos es permitirle a alguien que te lastima vivir en tu corazón y ni siquiera pagar renta por ello.

Abre las manos, suelta. Las necesitarás libres para aplaudir el éxito ajeno, para llevártelas al corazón cuando tu niño(a) interior esté asustado y también para escribir tu nombre con letras doradas en la lista de quienes pueden asegurar que han sido felices.

«*Podemos ser felices en la medida en que podemos olvidar.*»

Secretan

Algo más que no puede faltar en la maleta es un suetercito, por si se ofrece. Lo digo así en diminutivo porque su uso es algo muy mexicano, igual que tu mamá obligándote a cargar uno aunque vayas a la playa (no es control, no, es porque «se te puede ofrecer»). Casi siempre ese tejido va y viene sin haberse usado, pero ahí está, apuntalándote y haciéndote sentir capaz de hacerle frente a cualquier cambio en el clima.

Estoy casi segura de que esa prenda de vestir se inventó para que la usaras cuando tu mamá sintiera frío. Pero sea como fuere, ese suéter te empodera, te da la tranquilidad de llevar lo necesario para el viaje. ¿Y a la vida, estás igual de listo para darle respuesta? ¿Quién es tu suéter en la vida? Tu marido, tus hijos, tus padres, yo que sé, el caso es que todos ellos pueden irse un día con o sin tu autorización o consentimiento. Se van porque cumplen su destino, porque así lo desean o porque el mundo confabuló para que se dieran así las cosas y entonces, ¿qué pasará contigo? ¿Te quedarás desprotegido, desolado y abandonado? Pasando fríos literalmente, porque no tuviste la precaución de empacar bien tus cosas y, créeme, no hay persona que te quepa en una maleta.

Lo que sí debe estar ahí es tu autoestima, un verdadero abrigo que sabe que si tú estás contigo mismo no habrá quien pueda más en tu contra. Como decía la Dra. Ross: cada quién decide si sale de la desgracia aplastado o perfeccionado.

La vida es un reto, no una tragedia.

Depende de si seríamos capaces o no de aprender la lección presentada. Escribí en mi diario:

En el interior de cada uno de nosotros hay una capacidad inimaginable para la bondad, para dar sin buscar recompensa, para escuchar sin hacer juicios, para amar sin condiciones.[4]

Como te decía, la vida moderna se vive muy a prisa y con poco espacio; ya no puedes cargar con esos baúles dignos del Titanic, ni estás dispuesto a pagar sobrepeso a todos los destinos. Esa es la tendencia actual; entonces, ¿dónde crees que te van a caber todos esos no perdones y resentimientos?

Revisa bien lo que cargas porque si no tienes espacio es materialmente imposible que ingreses cosas distintas a tu vida, que te compres o adquieras nuevos recuerdos, porque simplemente no habrá espacio para ellos. Un ejercicio continuo en tu existencia debe ser: soltar y vaciar para rellenar de nuevo.

Cuentan que a un pueblo llegó un alumno dispuesto a aprender todo lo que el gran maestro que vivía ahí tenía que enseñarle. Cuando estuvo frente a él le dijo: «Maestro he estado con los mejores tutores, en grandes universidades y leído infinidad de libros. Domino 5 idiomas, practico la meditación y soy diestro en el arte de la oratoria. Estoy listo para aprender de ti.»

Mientras el alumno hablaba, el maestro simplemente se servía una taza de té, pero al igual que el estudiante que no paraba de hablar, él no paraba de servir.

«Maestro», lo interrumpió el joven, «¿Qué no ve que se está derramando el líquido? La taza ya llegó a su máxima capacidad y usted sigue poniendo agua en ella.»

«Cierto», respondió el maestro. «Debemos vaciar un poco del contenido antes de seguir agregándole más. Así que anda y ve, cuando hagas espacio dentro de todo tu conocimiento para lo que yo tengo que enseñarte, entonces vuelve.»

Estados Unidos, ruta Nuevo Orleans, fue mi primer viaje fuera de México hace ya muchos años. Siendo una niña es muy fácil saber qué necesitas para salir de tu casa: ganas de aventura, buena compañía y listo. Lo demás lo empacan las mamás por nosotros. De ese viaje aprendí y recuerdo hasta ahora tres cosas; todas ellas con gran paralelismo a la vida real:

1) Fuera de tu casa escoges lo que quieres comer (el menú de diario no aceptaba sugerencias).

2) Tu hermana tiene tiempo de jugar contigo (cosa muy poco frecuente cuando se tienen a la mano otras opciones).

3) Y la más importante: se rompen las reglas, los horarios y todo se flexibiliza, hasta el gesto de mamá.

No sé si ese primer viaje despierta en uno el gusto por la maleta, el pasaporte y la aventura. Tal vez es un gusanillo llamado «descubrir» que te pica e inocula en ti alas que no se ven, pero ahí están.

¿Cuál fue tu primer viaje?, ¿lo recuerdas? Haz memoria, entra en contacto con lo que sentiste y pregúntate también qué pasó en el camino y por qué has ido perdiendo la ansiedad por llegar y porque comience la diversión. ¿Dónde quedaron esos ojitos curiosos que querían descubrirlo todo y que se maravillaban tan fácilmente?

Ejercicio de Memoria

El primer viaje que recuerdo fue:

Me acompañaban:

Lo mejor de ese viaje fue:

Hoy que lo pienso, ¿qué aprendí de la experiencia?

¿Cómo es actualmente el tamaño de las maletas que cargo?

A ese primer viaje que les platiqué le sucedieron algunos otros, busco siempre la manera de reagrupar ejércitos conmigo misma. Yo le llamo «ver verde»: cada determinado tiempo me escapo del concreto y el asfalto y busco colores para seguir pintando con ellos mi vida y la de mis pacientes.

Un último detalle antes de emprender el viaje, indispensable eso sí: dinero. El dinero no es la felicidad pero sí condiciona el tipo de vida que vas a tener y las comodidades a las que puedas acceder. No te pelees con él, ser espiritual y profundo no tiene nada que ver con rechazarlo o considerarlo sucio o «el diablo». Ten cuidado porque tu mente es muy obediente, y si repites esos pensamientos y frases hechas puedes causar que no llegue la abundancia a tu vida.

Si viajas con familia o con amigos, con pareja o solo, lo importante es que no te falte amor; ese que puedes compartirle a los que van contigo, el que te hace sonreír tan sólo con contemplar la naturaleza. El que te da tolerancia, paciencia y buen humor ante los imprevistos. Ese, que no falte.

También la salud, porque viajar sin ella no es lo mismo. Te esfuerzas, intentas sonreír pero lo que te sale es una mueca; me ha pasado, lo juro. Enferma, ni Hollywood es tan glamoroso.

El aeropuerto o la estación

Las terminales, ya sean aéreas o terrestres, siempre son lugares caóticos: unos van, otros vienen, unos lloran, otros ríen; es un mundo en chiquito. Son también lugares peligrosos, en los andenes de los trenes suelen merodear asaltantes, hay que andar listo con la cartera y no dejarse sorprender por personas que noten lo distraído que vas por la vida.

Millones de historias se gestan ahí y aunque unos lo consideran un mal necesario yo disfruto mucho ver el transitar por la vida de las personas con las que ahí me topo. Qué fortuna ser quien se va y qué maravilla estar para alguien que regresa. Me pongo a pensar cuántas historias de amor se terminan ahí y cuántas otras comenzarán sin saberlo, justo en un viaje.

Hay una frase que dice: «Si quieres ver a Dios reír, cuéntale tus planes». Claramente se refiere a lo inesperado de la vida, a cómo en un segundo puede cambiar para siempre o de manera temporal, ya sea para bien o mal. Cientos de películas se basan en este tema: qué pasaría si no subía al tren esa mañana, qué sería de ella si no hubiera tomado esta u otra decisión. Por ello no cabe duda que la palabra vida no debería de escribirse con V, sino con una M de misterio.

Hace poco escuché el caso de una mujer que, por culpa (o gracia) del taxista, no llegó a tiempo al aeropuerto de Ámsterdam para abordar su vuelo. Ese avión horas más tarde sería derribado por un misil. Todavía no comprendo qué clase de confusión pudo ocurrir, o maldad pura, para derribar un avión con 298 pasajeros que ya nunca llegarían a Kuala Lumpur. Sé que esa señora y su bebé, a pesar de haber pasado por un muy mal rato al no llegar a tiempo, están hoy con vida tratando de entender un concepto: destino.

Esto me recuerda una historia que tuvo lugar en la campiña francesa durante la Primera Guerra Mundial.

Reclutaban jóvenes para la batalla y un muchacho, encargado de cuidar a sus padres ya mayores y arar la tierra que poseían, se había roto una pierna al caerse del caballo. Cuando el ejército llegó a su granja para que el joven cumpliera su obligación militar notaron que así, enyesado, no podría servirles de nada y lo dejaron quedarse. Semanas antes, cuando había tenido lugar la fractura, un vecino le comentaba a su padre: «Qué desgracia, vecino; su hijo, que es quien trabaja por ustedes ahora en cama, qué desgracia», y el padre sólo respondía: «Ya veremos, ya veremos». Tras lo ocurrido la desgracia interpretada por el vecino resultó en una fortuna que probablemente le salvara la vida a aquel muchacho.

Cuando pienses que te ha ocurrido algo muy malo, como terminar una relación amorosa o ser dado de baja en un empleo, antes de sumirte en una depresión y maldecir el momento en que ocurrió, debes esperar y ver qué dice el dictamen final del tiempo acerca de lo ocurrido. Hay pérdidas que a la larga resultan ganancias y verlo así en el momento del dolor significa no perder la fe.

Steve Jobs, una mente brillante, falleció en 2011. Se desempeñó como CEO, presidente y fundador de una de las compañías más importantes del mundo. Él decía que era más fácil conectar los puntos en retrospectiva, en reversa: cuando el tiempo ya te da claridad y balance general de los eventos en tu vida.

$$Evento + actitud = suceso$$

Por eso los grandes sucesos de tu vida te incluyen a ti como parte fundamental de la ecuación, y un evento doloroso será sólo eso siempre y cuando no asumas actitud de víctima y lo conviertas en lo más destacado de tu vida. Tú determinas el rumbo y ajustas las velas aunque no controles las mareas.

La sala de espera

Los tiempos de espera en los aeropuertos son espacio para la reflexión y la introspección. Si consigues un asiento lo suficientemente alejado de la gente y vences la tentación de conectarte al *wi-fi*, puedes en realidad pensar un momento.

Al detener la agitada rutina, lo primero que deberías de hacer es agradecer el privilegio de estar vivo, tener salud, tener los medios para salir de casa y visitar otros lugares. Siempre hay que agradecer las posibilidades.

Tengo quince años dedicándome a la vida muy cercana de la muerte, a la atención de enfermos terminales, a la presencia de lo que representa la muerte chiquita en las relaciones humanas: infidelidades, traiciones y abandonos. He descubierto que cada proceso de duelo conlleva un análisis de la vida y que, a través de él adquieres mayor conocimiento. La muerte en sí te lleva a vivir intensamente, si me permites la paradoja.

Es posible que por la experiencia profesional adquirida yo comprenda los procesos dolorosos que produce la separación del objeto del afecto, pero nada conozco de la muerte en sí. Morir sólo se aprende dejando de respirar y mientras ese momento llega lo que tienes que aprender es sobre la vida, a fluir por este viaje maravilloso de muchas escalas, que es vivir.

Hace tiempo mi esposo me regaló una pulsera, cuando estaban de moda estos brazaletes para los que escogías dijes significativos para ti y los colocabas en el orden que quisieras. Ninguna es igual a otra; como las vidas, cada una tiene su significado, simbolismo y orden (o desorden).

La mía comienza con una maleta y antes del broche final, otra más. Todo principia con un viaje, ese del cual te hablaba en el prefacio, y termina con otro que curiosamente realizas con los ojos cerrados, en el momento mágico de mirar hacia dentro e implotar en tus recuerdos y vivencias acumuladas.

¿Ya ves cómo una sala de espera y un ratito de silencio logran maravillas en la mente humana? Viajas cuando tus pies ni siquiera se han movido de su sitio.

En la vida muchas veces te toca esperar. Esperas turno, momento, la ocasión propicia y esperas que la felicidad llegue. Mas no debe ser una espera pasiva, todo lo contrario. Manos a la obra, disciplina y mucho esfuerzo.

Pienso en el tiempo que esperé antes de tener un espacio propio y privado para escribir sin interrupciones y recibir a mis pacientes. De hecho, algunos de mis seres más queridos ya no llegaron a conocer mi estudio; y desde ese lugar escribo estas líneas ahora, un piso al que he bautizado como «Esperanza», ya que la considero la virtud más importante para vivir sin miedo y espero que todos la encuentren y se la lleven consigo cuando vayan a visitarme.

La desesperanza, que es literalmente una palabrota, nos lleva a pensar que lo mejor de nuestras vidas ya ha pasado y que no habrá de volver nunca más.

Permíteme una pausa para que te contactes con lo que esperas. Nadie, absolutamente nadie, puede robarte la esperanza. Ni alguien que porta una bata blanca, ni personas que disfrazadas de ser prácticas y sinceras quieran arrebatarte lo único que a veces posees.

Espera con fe, trabaja en ello ayudándote en todo lo que puedas. Mira hacia adelante y piensa que como en las grandes comidas, cuando crees que ya no puedes probar nada más y que estás satisfecho, lo mejor está aún por venir: el postre.

Muchas veces has escuchado que los nietos son el postre de la vida; los amas pero ya no tienes que ser tú quien los eduque y si te desvelas por ellos será de manera eventual y voluntaria. Así, igual que esos pequeños te llenan la vida cuando pensabas que a nadie podrías querer como a tus hijos, en el viaje de la vida te topas con experiencias y destinos que jamás soñaste alcanzar. Solamente no dejes de creer en ellos, llegarán.

En un proceso de duelo hay que tener la voluntad de salir, de concluirlo. Si no quieres que pase, simplemente no pasará. Los malos tiempos concluyen y nuestros sueños nunca se olvidan de nosotros, somos nosotros los que los abandonamos.

«Si estás afligido por algo externo, el dolor no se debe a la cosa misma, sino a la estimación que de ella hagas; entonces tienes el poder de revocarla en cualquier momento.»

Marco Aurelio

Ejercicio de Esperanza

Lo que yo más deseo que ocurra en mi vida ahora es:

Lo que estoy haciendo para ayudar a que eso suceda es:

La diferencia entre desear y soñar es:

¿Soy yo el primero en creer que este deseo es posible?

No dejes que otros te digan que es imposible sólo porque ellos no han podido hacerlo.

«El alma que no tiene objetivo establecido se pierde a sí misma.»

Michel Montaigne

Abordar, soltar el control

Subirte a un avión, a un tren o un autobús, implica soltar el control; en el mejor de los casos relajarte y disfrutar el trayecto, y en el peor ir frenando en el suelo sin respuesta de la máquina. Tiene mucho que ver la confianza que sientes por quien va al volante. Sufrir el recorrido y solamente ir pensando en el momento en que acabe y puedas bajarte es muy desgastante. ¿Te suena conocido esto?

¿Has experimentado esta sensación no sólo durante un viaje sino también a lo largo de una enfermedad propia o de algún familiar, o en algún momento donde no has tenido abundancia económica?

Si algo no podemos apurar es el tiempo, dura lo que tiene que durar y si tu actitud cambiara al menos sabrías que el tiempo que estés en una determinada circunstancia es el necesario para extraer de ella significado y crecimiento. Eso es darle un sentido al dolor, no un anestésico para pasarlo de noche. Durante un duelo, a las personas les urge que su vida vuelva a ser la de antes, son grandes negociadores y hasta regatean conmigo al preguntarme cuánto dura un proceso de duelo: «¿Es lo menos?». No es cuestión de velocidad sino de profundidad, de trabajo y de quedarse en la tristeza hasta que ella misma te haya mostrado el porqué de su paso por tu vida.

No es en sí el miedo a volar lo que paraliza a muchas personas, es el temor a no poder detenerse cuando quieran; ser un pasajero y no un conductor es lo que les angustia. Entonces el tema no son las alturas o las bolsas de aire, se trata de dejarse llevar. Como en los momentos duros de la vida: simplemente notas que no tienes el control de la situación, que la tristeza te llega por oleadas y te arrastra sin poder dejar de llorar. Esto es un golpe fuerte a tu ego controlador.

En un proceso de duelo por lo que sea que hayas perdido, el volante no está a tu alcance. La enfermedad o la muerte (también la muerte del amor) irrumpen en tu vida de forma brusca y sin llamar a la puerta; ya están ahí, aparentemente no puedes hacer nada al respecto pero siempre te queda la última de las libertades humanas: la actitud con la que enfrentarás lo que llegó sin anunciarse.

Todo esto es logoterapia, ciencia hermana de la tanatología, de la cual hablo mucho en mi segundo libro *Elige no tener miedo*, y aunque ante ciertas situaciones de la vida sentir miedo no es una cuestión de elección, permanecer temeroso sí es una postura de actitud vital.

Uno no sabe exactamente cuándo comienzan los miedos, sabes que surgen en la infancia, pero el día y hora exacta en el que se gestaron se escapan de tu conciencia. Lo anterior aplica en casi todos los casos, pero yo sí recuerdo claramente cómo mi abuelita, una vez acomodada en su asiento del avión se llevaba las manos a la frente como haciendo un visor para sus ojos e, inclinando la cabeza, se disponía a sufrir el tiempo entero que durara el vuelo. Antes de despegar: rezar un Padre Nuestro, ella te hacía sentir que si no te persignabas segurito se caía el avión. Luego, mascar chicle por lo menos media hora para que no se te fueran a reventar los oídos. Más te valía haber ido al baño en el aeropuerto, porque levantarte en pleno vuelo ni lo sueñes, era jugarte la vida.

No sé la tuya, y lo digo con todo respeto, pero mi abue creía saber más que el mismo piloto. Aunque él indicara que ya podíamos desabrochar nuestro cinturón de seguridad, ella nos pedía no hacerlo, ni mirar por la ventana porque decía que se sentía peor. Pobrecita, ahora lo recuerdo y verdaderamente tenía que vencer muchísimas cosas para salir de viaje con nosotras y aun así cada vez que le proponíamos un paseo, iba encantada. Pobre de mí también, que años después estaría yo agarrando pista para seguir los mismos pasos de Doña Chelito.

Decidí estudiar constelaciones familiares, una disciplina de Bert Hellinger (terapia alternativa que incorpora elementos de la antropología social, la teoría sistémica y el psicoanálisis) y regresarle todos y cada uno de mis miedos a quien verdaderamente le correspondían. Nunca olvidaré la cara de mi mamá cuando llegué con varias cajitas a su casa y con todo y reverencia le entregué en propia mano lo que por justicia era suyo. «¿Qué me trajiste?», preguntó animada. «Tus miedos», le respondí. «¿Y yo para que los quiero?», me dijo. Lo mismo opiné yo sobre seguírselos cuidando.

Cajita 1: Miedo a los temblores.
Cajita 2: Miedo a los alacranes.
Cajita 3: Miedo a volar en avión.
Cajita 4: Miedo a la velocidad (velocidad, punto; ni siquiera alta velocidad) en los automóviles.

Cabe mencionar que algunos de estos miedos seguramente eran de su propia mamá, y a la vez de la mamá de mi abuela, y así subsecuentemente. Yo me deshice de ellos y fue liberador.

Aunque nunca llegué al punto de llevar las manos a mi cabeza sí recuerdo que necesitaba tomar la mano de quien viajara a mi lado en un avión. Generalmente se trataba de mi pareja o alguno de mis hijos pero una vez tuve que ir sola a impartir una conferencia a Veracruz. Sentí la primera bolsa de aire, y por instinto (de supervivencia) quise asirme de algo. Noté que a mi lado viajaba un señor con cara de pocos amigos y muchos problemas, a quien por ningún motivo le iba a decir: «¿Me da la mano, por favor?». Entonces ¿qué hacer? La disyuntiva era: pasar un muy mal rato, llevarme las manos a la frente como me habían enseñado o simplemente respirar y tomar mi propia mano. Hice esto último y santo remedio, a partir de ese momento me di cuenta de que podemos elegir, a pesar de las circunstancias en las que nos encontremos. Siempre podemos escoger la postura vital con la que nos enfrentamos a lo que nos ocurre. Yo ya había estudiado logoterapia pero ese día la comprendí del todo.

Que se mueva un avión es normal, ¿quién nos dijo que ir por los aires no debe sentirse? Eso es volar. Las corrientes de aire, las nubes, las bolsas de aire, así es un vuelo. Así es la vida. La sientes, te sacude, deseas que el mal tiempo pase rápido y finalmente confías porque te das cuenta que tú no traes el freno ni eres el encargado de controlar el mal tiempo. Sólo puedes ejercer control sobre tus emociones y pensamientos.

El peor vuelo que he tenido fue una escala México-Guadalajara en una aerolínea que ya desapareció; desde que despegamos parecía que el piloto iba jugando coleadas. Yo justamente estaba practicando eso de no tomarme de la mano de alguien, pero esta vez fue demasiado; mi amiga, que iba junto a mí, no ayudó mucho: «Mira que he tenido malos vuelos, en avioneta chiquita y todo», me dijo, «pero este es el peor». Ese día le di no sólo la mano, prácticamente le arrancaba yo el brazo y me costó un triunfo una vez llegados a tierra subirme al otro avión para la conexión y llegar a mi destino final. Lo recuerdo bien, como una de esas conquistas donde uno tiene miedo y lo vence. Eso justo es el valor, algo inexplicable para quien dice no sentir miedo nunca. Valiente no es el que no siente miedo, es el que lo vence.

Leer, documentarte, conocer los hechos reales ayuda a vencer el miedo. Así como hay cursos para perder el miedo a volar en un avión, también puedes aprender sobre tanatología. Descubrirla como una herramienta para vivir la vida y no como una rampa confortable para el final de ella. Libros, cursos, diplomados y conferencias; todo esto se suma para que tu filosofía de vida se incremente, tu actitud ante ella sea positiva y te lleve a entender la pérdida como una experiencia humana natural que te invita a recordar los muchos tesoros que posees. El dolor de perder lo que amas es la tarifa a pagar por el viaje de la vida pero nos puede confundir de tal manera que nos sintamos inseguros. La pérdida nos conduce a un territorio antes no explorado, pero gracias a la tanatología no tendrás que andarlo a ojos cerrados.

En un proceso doloroso estás preparado para sentir tristeza pero nunca imaginas que sentirás tanto miedo, un miedo inexplicable como la misma entraña de ese sentimiento, generalizado, abrumador.

La tanatología te enseña a confiar, a quedarte asido a una cuerda y bajar en rapel en lugar de lanzarte al vacío. Saber del dolor y sus procesos te habilita para una vida llena de ellos, es por eso que conocerla y aplicarla cambia tu vida para siempre. No es conocimiento que se quede en una carpeta o el cuaderno que llevaste a la sesión, te lo llevas puesto y además se practica todos los días con la decisión férrea de hacerlo hoy mejor que ayer, y mañana aún mejor.

Es básico quién viaja contigo, quién te acompaña en este viaje llamado Acapulco, Cancún o crecer. Pero hay que entender que la vida es un viaje en el que algunos van quedándose en diferentes estaciones, no continúan el trayecto. Varios lo hacen porque quieren y otros porque tienen que hacerlo, pero lo importante es hacer que el viaje siga valiendo la pena para ti. Esperemos que el itinerario no se te llene de nostalgias y melancolías.

Aunque solemos usar las palabras *nostalgia* y *melancolía* como sinónimos, no lo son. Esta última fue un término acuñado por Sigmund Freud como una disfunción de las emociones. En simples y llanas palabras la nostalgia es tener un pie en el ayer, es recordar cuando eras niño, o pensar que las navidades pasadas fueron tiempos hermosos y recordarlos con cierta añoranza. La melancolía es tener los dos pies en el pasado y desde ahí vivir, estar convencido de que todo tiempo pasado fue mejor. Cuando la melancolía se apodera de una mente es como si se manejara un auto viendo únicamente el espejo retrovisor: la colisión es inevitable.

Durante un duelo, ambas aparecen por momentos, pero la nostalgia puede llevarnos a bellos recuerdos y a platicar con una sonrisa o franca carcajada al recordar dichos o frases que solía tener nuestro familiar amado. Pero la melancolía hay que evitarla, pues se va colando como la humedad en las paredes y en poco tiempo se apodera del hoy trayéndote un ayer ideal que no es posible recuperar.

Esto suele ocurrir a las personas que trabajaron en alguna gran compañía internacional y después de ese empleo no volvieron a tener un puesto así de importante, viven desde el recuerdo de esos años dorados en los que hubo abundancia y se sentían respetados e importantes. Tanto recuerdo te impide ver la ausencia de nuevos proyectos en el presente. Te daña sin lugar a dudas y es casi una locura conservar tus tarjetas de presentación de una compañía que ya no existe o de un puesto que hoy por hoy no es más que un fantasma. El pasado hay que soltarlo para que el futuro no te sorprenda con las manos ocupadas. Lo que fuiste en el ayer es una piel en la que tú ya no habitas.

Ejercicio de Liberación

¿A qué le tienes miedo?

¿Desde qué edad lo sientes?

¿Y sigues usando ahora la misma ropa que usabas entonces?

Porque debes de haberte visto muy bien en tu traje de primera comunión pero no sé cómo te verías el día de hoy con él.

Crecemos y la ropa deja de quedarnos, debería de pasar lo mismo con los miedos. Cuando confiamos en el conductor del auto en el que viajamos, hacemos el camino más relajado y placentero. Pregúntate tú: ¿quién maneja tu vida?, ¿quién está a cargo y cuánta confianza le tienes?

«El que está acostumbrado a viajar, sabe que siempre es necesario partir algún día.»
Paulo Coelho

¿A qué huele la vida?

¿Has notado que cuando llegas a un nuevo país o ciudad, llegas con prisa? Descender, pasar migración, recoger maletas y buscar transporte, todo eso antes de salir al aire fresco. Una vez fuera las carreras continúan: al hotel, registrarse, desempacar, ¡un momento! Detente y huele cómo es ese lugar, llénate los ojos de él y respíralo.

Yo tengo esa costumbre y percibo el olor a castañas si es invierno o a flores si es primavera; despierto todos mis sentidos para vivir una ciudad y hacerla mía. Este ejercicio de atención consciente es una de las herramientas de la tanatología.

Como cada minuto es muy valioso trata de vivirlo plenamente con la conciencia de que todo puede cambiar en un momento dado, por eso debe vivirse cada circunstancia, incluso las que consideramos «malas», con todos los sentidos y a profundidad.

Todo pasa, esa es una ley universal. Bueno o malo, nada es para siempre y entendiendo ese sentido de temporalidad de las cosas, las noches oscuras del alma se transitan más fácilmente y los buenos momentos se viven con intensidad infinita.

Si entendemos el final de cada día como el comienzo de la noche, fluimos con la vida en lugar de querer detenerla.

Paris puede oler a crepa de azúcar, Madrid a tapas y aceite de olivo, México a tacos y agua de jamaica. Para cada persona –depende desde dónde lo viva– su espacio huele y sabe distinto. Lo familiar te abraza desde los sentidos, por eso vale la pena ejercitarlos, hacer uso total de ellos y transmutar lo que llega a tu nariz, en una experiencia.

Conocer lo que es típico de cada lugar, como las enchiladas potosinas, las salchipapas o muéganos de San Luis Potosí, las guacamayas de León, Guanajuato, los pastes de Pachuca y los tamalitos de acelga de Monclova, hace que estos lugares se vuelvan familiares para ti, disfrutables y conocidos. Así como no puedes viajar sin tus cinco sentidos, de igual forma en el dolor y la soledad de la pérdida se activan las memorias sensoriales. Cuesta mucho trabajo olvidar el olor de un hospital o el sonido de los aparatos a los que estuviste conectado, el sonido de un disparo o un golpe, porque todo esto va asociado al síndrome de estrés postraumático que el evento te ocasionó. No te quedes con las huellas y marcas que el dolor ha elegido para ti, sustitúyelas por lo que tú decides recordar, por el rostro sonriente de tu ser querido y no por uno que manifieste dolor o angustia. Resignifica el aroma de las flores para que no te recuerden un velorio sino que te remitan al campo.

Te recomiendo el siguiente ejercicio:

Siempre que los recuerdos dolorosos llegan a tu mente, automáticamente tratas de batearlos, de enviarlos lejos. Lo único que logras con ello es el efecto *boomerang* de una experiencia traumática: volverá una y otra vez durante el día, o por la noche si en tu vigía estuviste demasiado ocupado para hacerle caso a tus emociones. Vienen a ti porque a tu mente y corazón les hace falta algo, hacer lo que en ese momento hubieras querido hacer y por las circunstancias no pudiste: darle un verdadero y amoroso cierre.

A una paciente mía le avisaron que su hija había tenido un accidente en la avenida Insurgentes. Ella salió corriendo para allá y cuando estaba cerca encontró la calle cerrada, patrullas y policías que le impedían el paso. Ella se abrió camino y corrió hacia el automóvil de su hija. Lo primero que pensó es que no estaba tan golpeado pero al llegar más cerca vio el cuerpo inerte de su hija a través del parabrisas, ella no traía puesto el cinturón. Todo era un caos y aunque estaba a unos metros no pudo hacer lo que su corazón de madre le indicaba. Tiempo después esta imagen la atormentaba, regresaba a su mente una y otra vez llenándola de angustia. En un ejercicio de visualización trabajamos en que ella pusiera una pantalla en blanco en su mente. A ojos cerrados proyectó en ella la escena completa de lo ocurrido aquel día. La hice ver los detalles dolorosos, esos que había rehuido porque le castigaban el alma, no lo hice por hacerla sufrir, lo hice porque esta sería la última vez que los veía. Llegado el momento en la escena y ella aún con los ojos cerrados, le pedí que en esa película que ella veía se acercara y tomara a su hija en sus brazos, la abrazara, la besara y cerrara sus ojos. Se permitió darle un trato digno aun ante las indignidades de aquel momento; le dio su bendición y entonces estuvo lista para volver a poner la pantalla en blanco. Poco a poco se fue imaginando que cubría la imagen con una brocha con pintura blanca y una vez inmaculada la pantalla, proyectó ahí la cara de su hija sonriente: una foto que tenía de su fiesta de 18 años donde lucía hermosa y feliz. Ella eligió recordarla así, se acercó y besó esa imagen. Después pudo lentamente abrir sus ojos y aunque por supuesto lloró mucho, a partir de ese momento cada vez que su mente quería traerle la escena dolorosa, ella recordaba que ya la había eliminado y volvía a conectarse con la fotografía seleccionada de su hermosa hija. Al poco tiempo esas dolorosas imágenes dejaron de quitarle el sueño. Esto se llama sustitución y es una herramienta de neurolingüística.

La mente es obediente, hagamos que nos obedezca a nosotros y no a nadie más. Pensar en nuestro ser querido jamás nos quitará el sueño, es pensar en su muerte lo que nos hace mucho daño. Elige el camino del amor, que este gane en la balanza.

¡Salud! Un brindis para celebrar

¿Te pasa que cuando estás de viaje asocias pasarla bien con comer un poquito de más y beber cosas exóticas? Una playa sin tomar un coco o una piña colada puede parecerte imposible. Para mí el sinónimo de vacación es un Martini de manzana, bebida que jamás tomo en casa ni siquiera en un restaurante con amigas (significa una gran celebración).

Cuando mi editora inicial Doris y yo platicamos la idea de este nuevo libro lo hice frente a una copita de estas de pie largo. Beberlo a sorbitos pequeños me mete de lleno en el ánimo de vacación, de relajación y cero prisas, por eso me gusta; ni siquiera me pregunten si lleva ginebra o vodka, no lo sé, eso no es lo importante. Lo significativo es agradecer y hacer un brindis por la vida, por las oportunidades y por el privilegio de poder transitar su sendero.

¡Qué conste que dije uno, luego no vayas por ahí diciendo que @gabytanatologa te está recomendando beber! De hecho, los excesos siempre te llevan a más tristeza y soledad. En un duelo el alcohol, el cigarro o la marihuana pueden ofrecerse ante ti como unos amigos que alivianarán lo que estás sintiendo pero créeme que luego te van a pasar factura por esos pocos segundos en que te emboban para no pensar. Una factura altísima por meterse con tu juicio y nublártelo. Es mejor no estar entumecido, pasar a través del dolor y no huir de él.

Ten muy claro que hay viajes que no incluyen kilómetros de por medio: una plática con una buena amiga es un viaje, un beso de verdad, lo es también, hacer el amor con quien amas debiera ser toda una excursión y educar hijos, sin duda, es un trayecto tipo safari.

La vida es digna de ser recorrida y vivida con alegría. Hay tiempos para todo: para llorar, para meditar y para reír. Lo malo es que unos opaquen a otros y empieces a pensar que deberías de estar de una u otra forma, en lugar de simplemente estar del humor que desees. Haber amado mucho a alguien que hoy no está contigo no significa quedarte demasiado tiempo triste por su ausencia; eso significa que no estás tranquilo con lo que vivieron y que sientes que te faltó darle o recibir más de él o ella. Cuando después de una pérdida empiezas a estar realmente bien, aunque sea por minutos, te puede entrar culpa por sentirte así. Es una gran ironía pues al fin le estés haciendo caso a todas esas personas que te dicen que mejores tu actitud ante lo que te pasó y que trates de ser feliz. Cuando comienzas a sentirlo te asusta notar que realmente podrías ser feliz sin esa persona o situación, y empiezas a sentirte una rata traidora. Es como si en tu interior hubieras hecho una promesa de «nunca seré feliz sin ti», que por supuesto no es lo mismo a «siempre te voy a amar». La primera es un piensa chueco muy común y no debes dejarte atrapar por la culpa ni boicotear tus progresos. Vuelves a estar en paz y sentir alegría en tu corazón porque ese es tu llamado de vida. Empiezas lentamente a obedecer y a fluir con el universo, a entender que la mejor forma de mantener en alto el recuerdo de quien se fue y te amaba es con una sonrisa que le diga que su paso por tu vida no fue inútil, que sí aprendiste a ser feliz y a honrar todo lo que te enseñó.

Empiezas a faltarte al respeto cuando desperdicias tu vida no siendo feliz, cuando insultas, gritas o hasta manoteas a otros traicionando quien tú eres y tu educación; o cuando engordas y te abandonas, y no escuchas lo que tu cuerpo te pide. Todo eso son faltas grandes, agresiones a ti mismo.

Debemos de mantener lo negro de tu momento de vida, negro y lo blanco, blanco porque si los revuelves entonces todo se torna gris.

No renuncies a la posibilidad de ser feliz, ni le entregues a alguien más la llave de tus emociones ni la facultad de ponerte de buen o mal humor. No renuncies a ese poder que es solamente tuyo.

Este no es un valle de lágrimas, como solían decir las abuelas; tampoco creo que quien bien te quiere te hará sufrir. Pienso sinceramente que no hay que ofrecer a un poder superior tus tristezas y dolores. Dios no quiere que le ofrendes eso, sino tu esfuerzo y voluntad por salir de ahí. Un duelo se transita no se muda uno a vivir en él.

«¡Oh, qué amargo es contemplar la felicidad a través de los ojos ajenos!»

William Shakespeare

Capítulo

2

La llegada y la ilusión
de un comienzo

«No basta con dar pasos que un día puedan conducirnos hasta la meta, sino que cada paso ha de ser una meta, sin dejar de ser un paso.»

Johann Wolfgang Goethe

Aunque el viaje haya sido cansado, al llegar a tu destino recuperas energía. Es la ilusión la que te mueve y sacas fuerzas de flaqueza para ir a conocer, a explorar o a recorrer el lugar.

En el viaje de la vida las metas le ponen esas ganas a tu quehacer. Darle un sentido a las cosas que haces las convierten en escalones que te llevarán a algún lado. La tarea, el trabajo, las labores domésticas, todo eso en sí puede no sonar atractivo, pero visto como la antesala de un proyecto aún más grande entonces vale la pena y recuperas el vigor y la dirección que necesitas.

Cuando sufres una pérdida, literalmente te sientes perdido sin esa persona, ese trabajo o esa relación; por eso no es casualidad que utilicemos ese término. El rumbo se confunde y las ganas merman hasta dejarte botado en la cama. Ojalá existiera un GPS de las emociones, como lo hay para llegar a una dirección exacta en automóvil, algún mecanismo que te permitiera recalcular el rumbo y no perderte por horas y días.

Quedarte paralizado o perdido no es justo, porque significa que por un momento estás poniendo por delante el amor que tienes por alguien más en lugar del que debieras tener por ti mismo.

Sé que culturalmente se te ha dicho: «Primero tu mujer y tus hijos», «lo más importante en tu vida deben ser tus padres», «tus hijos antes que nada»; y cuando hablas de amarte a ti mismo y de escuchar tu voz antes que la de nadie más, entonces se te tacha de egoísta.

Habrá que admitir que existen por lo menos dos tipos de egoísmos. Un egoísmo sano, que es el que son capaces de sentir las personas sanas, y un egoísmo patológico, propiedad de las personas mezquinas, crueles, manipuladoras, autoritarias y resentidas.[5]

¿Qué nos dice la tanatología al respecto? Amar y servir son el sentido de la vida, la misión que aquí venimos a cumplir. Pero ese amor tiene que iniciar contigo mismo, que fue la primera persona que la vida puso a tu cargo; antes de cuidar de otros debías probar que eras capaz de cuidar de ti, aun en las circunstancias más precarias. El amor que quieres dar a otros debe ser de buena calidad y no un amor codependiente que grite «sin ti no puedo vivir».

Melody Beattie, una escritora norteamericana, que por muchos años fue alcohólica en activo, utiliza su experiencia personal para ponerla al servicio de los demás y enseñarles lo que es la codependencia:

En mi grupo veía personas que se sentían responsables del mundo entero, pero que se rehusaban a asumir la responsabilidad para conducir y para vivir sus propias vidas. Vi personas que constantemente daban de sí a los demás pero que no sabían recibir.[6]

El verdadero amor habilita para vivir aun sin la presencia de la persona amada, porque su paso por nuestra vida ha sido tan importante y con una energía tan linda que deja reservas para seguirse usando inclusive cuando la persona ha partido.

Pongamos de ejemplo a una madre, una de esas buenas y apoyadoras que siempre creyó en ti, te echó porras y era tu fan número uno (yo tengo la enorme suerte de contar con una así); la confianza que tiene en ti te infunde valor, te sabes capaz de todo porque la tienes respaldándote, apuntalándote y aunque suene a comercial de bebida energética: ese amor te da alas. ¿Qué pasa cuando esa persona ya no está contigo? Cumplió su misión, terminó su periodo de crecimiento y aprendizaje en esta vida y ya no la tienes a tu lado. ¿Todo lo que te había dado se lo llevó con ella?, ¿los aprendizajes se olvidan y sólo reina la desolación? Esto sería una enorme traición hacia ella. Cuando te gradúas de la preparatoria y te sientes listo para ingresar a la universidad, no sucede que el día que te despides de quienes han sido tus mentores y maestros se te olvida automáticamente todo lo que te han enseñado; claro que no, al contrario, ese es el momento de poner en práctica lo que te han dicho, de hacer que su voz siga resonando en tu mente y corazón aunque tus oídos ya no reciban sus palabras.

Por eso cuando tus padres mueren, trascienden. Es el momento de probarle a una madre o a un padre que no se equivocaron en amarte tanto, que eres digno de ese amor y que lo hicieron bien porque su apoyo no te inhabilitó para vivir sino que te habilitó para la vida.

Sé que fácil no es, pero debes aprender a lograr esto para que a su vez el amor que tú das sea de esa misma calidad, con gran autoestima y valía. Un amor valiente es el que en verdad mueve al mundo.

Hace poco me escribió una chica preguntándome acerca de la vida después de la muerte, tuve que ser muy sincera y decirle que no lo sabía de cierto, que tendría que morir y regresar para contar lo que realmente pasa y cómo son las cosas por allá. Pero de lo que sí puedo hablar es de la vida, porque la he vivido con curvas y rectas, retrocesos y avances, amor y desamor. Sigo estudiándola y experimentándola sin buscar ser perfecta o infalible, sólo feliz.

Vocación, misión, actitud y necedad, todo esto te llevará a no fallarle a quien te ha querido y confiado en ti, y también a seguirle dando respuesta y ejemplo a quienes amas.

Una de las noblezas de esta aventura llamada vida es que en cualquier momento puedes retomar el rumbo correcto sin importar cuánto tiempo haya pasado o cuantos meses le hayas invertido a una depresión. Decídete a volver a vivir, el tren está esperando, súbete ya y deja de contemplar la vida pasar.

Las redes sociales son ventanas a las vidas de los demás, pero únicamente al lado de esa vida que quieren compartir, no es así todo el tiempo. No pienses que todos la están pasando de maravilla porque suben fotografías con grandes sonrisas a la red; en privado, te lo aseguro, todos lloran como tú alguna vez.

«La libertad, Sancho, es uno de los más preciosos dones que a los hombres dieron

los cielos. Con ella no pueden igualarse los tesoros que encierra la tierra ni el mar encubre; por la libertad, así como por la honra, se puede y debe aventurar la vida.»

Miguel de Cervantes Saavedra

El viaje no siempre sale como lo planeaste

«La madurez consiste en gozar hondamente de la realidad a pesar de ver la perfección de sus deficiencias.»

José Gaos

Muchas veces, si no es que la mayoría, las cosas no salen como las planeaste; incluso pueden salir mejor, aunque siempre hay imponderables que se salen de control y cambian el curso de los acontecimientos. En un viaje esto puede ser una modificación en la ruta, mal tiempo, perder alguna cosa o que algo suceda en casa y tengas que adelantar el regreso.

En la vida, salirte del *script* original suele causar malestar. Te quieres apegar a un «Plan A» que concebiste probablemente desde muy joven. Por poner un ejemplo: a los 23 años acabaré la carrera, para los 25 ya una maestría, a los 35 me veo casado con tres hijos y a los 40 en casa propia, otra de fines de semana, salud y felicidad.

Prepárate para muchas sorpresas, lo que estudiaste y que tanto trabajo te costó decidir (es una decisión difícil que se debe tomar a muy temprana edad) puede no ser a lo que te dediques el resto de tu vida, ya sea porque no encontraste empleo para ello o porque la vida te tenía deparada una vuelta de tuerca. La persona con la que te casaste puede traicionarte y no estar ahí para ti hasta que la muerte los separe. Los hijos inclusive pueden no hacer presencia en tu proyecto.

Cuando tú pides algo, la vida tiene tres posibles respuestas para ti:

1) Sí
2) Todavía no
3) Tengo algo mejor pensado para ti

Ah, pero qué difícil es apegarnos a esa respuesta; cuando te la dan te enojas porque no coincide con lo que tú querías y, sobretodo, cuando tú lo querías.

La verdad es que para no sufrir de más en esta vida debes aprender a ser flexible, todo viaje lo requiere. Manejarte como profesional con una tabla de surf, esperar a que venga una buena ola y con esa deslizarte, pero dejar pasar muchas otras que lucen peligrosas o no suficientemente buenas. Cuesta mucho trabajo y constantemente te repites: «Yo no quería ser una mujer divorciada», «jamás pensé tener más hijos», «hubiera querido trabajar en el banco diez años más».

Tus pensamientos acerca de qué debió pasar en tu vida te dañan más que los hechos mismos.

Soltar es el aprendizaje de la vida, pero déjame concederte la razón en la enorme frustración que se siente cuando has trabajado mucho para conseguir algo y no lo logras, cuando has sido paciente y aun así, aquello que anhelas no se asoma por la esquina. Ni qué decir cuando la muerte llega y divide en dos un alma.

¿Por qué crees que eres inmortal, por qué cuando la muerte llega sientes que has sido víctima de una injusticia o un atropello? Nadie te prometió llegar a viejo, nadie te aseguró que ese ciclo vital estudiado en la primaria fuera ley de vida:

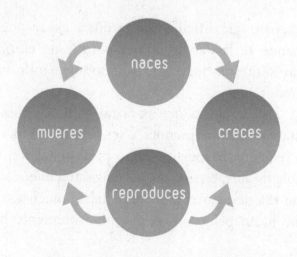

«Sí Gaby», me dicen, «entiendo que debamos de morir pero no así, o no ahora». ¿Quién dice? Tal vez lo que ahora te parecen sólo hilos atravesados en un canevá, algún día tomen la forma de un bordado perfecto. Pensarlo así ayuda mucho a recuperar la paz mental, confiar en un orden cósmico que aunque parezca alterado ha funcionado por millones de años y funcionará también para ti.

No te corresponde a ti cargar en tus hombros la responsabilidad de todo en esta vida, aprende a soltar y sobre todo a confiar.

Ejercicio de Humildad

¿Recuerdas la última vez que algo no salió como tú lo planeaste?

¿Cuál fue tu actitud? ¿Cómo reaccionaste?

¿Cómo reaccionabas ante la frustración cuando tenías 7 o 9 años?

¿Con qué recursos cuentas ahora para no ser el mismo y reaccionar igual que un niño ante los «todavía no» de la vida?

Les comparto: en un viaje reciente tuve la oportunidad de ir a la tierra de mi padre; lo planeé mucho, quería estar segura de los detalles, los destinos, hasta el más mínimo contratiempo fue contemplado para que todo fuera perfecto. Por eso les hablo de humildad, porque aunque uno quiera controlarlo todo a veces no te queda más que reconocer que la vida acomoda las cosas como tienen que ser y no como tú quisieras que fueran.

Un viaje maravilloso en efecto, pero que no me permitió regresar a tiempo para despedirme de mi padre. Don Juan emprendió su regreso a CASA cuando yo irónicamente dormía bajo el techo que por mucho tiempo fue su hogar temporal en esta tierra. Claro que me dolió no verlo, no tocarlo, no estar ahí para quitarle los muchos miedos que él tenía respecto de la muerte, pero comprendí que ya nos habíamos despedido suficientes veces, que no quedaba nada por decir, sólo mucho por sentir. A ese amor la vida no le pone plazos, es infinito.

Comí con él un día antes de irnos a esa vacación, nos despedimos y nos abrazamos como tantas veces sin saber (y qué bueno que así sea, que uno no sepa) que sería la última. Una urna de mármol frío fue lo que encontré a mi regreso, pero aunque yo venía literalmente volando sé que él tocó el cielo antes que yo.

¿Y ser tanatólogo, se preguntarán, no te vacuna contra el dolor?

No, esa inyección no existe, pero conocer sobre los procesos de duelo sí te da la posibilidad de vivirlo a fondo, sin esconder el polvo bajo el tapete, sin engañarte a ti mismo. La ausencia duele pero también sientes alivio al pensar en el deber cumplido. Yo fui, al igual que ustedes seguramente han sido, la mejor hija que pude y quise ser, bajo las circunstancias que yo estaba y con los recursos que yo tenía.

Repítete y grábate esa frase: que seas sólo tú, y nadie más que tú, quien juzgue tu desempeño con los demás y contigo mismo en esta vida. Para otros es fácil juzgar, ¿qué saben ellos de lo que tú has sentido, sufrido o cambiado? No tienes que probarle nada a nadie, en ese sentido el dolor te libera porque se acaban los convencionalismos sociales y familiares. Puedes decir: si me entiendes, bien y si no, también. Con que te entiendas tú mismo basta, porque contigo, y sólo contigo, vivirás el resto de tu vida. Más te vale caerte bien.

De ahora en adelante incluye a la tanatología en tu cajita de herramientas emocionales, date cuenta de que todos los «por qués» que te preguntas llevan un alto grado de enojo; descubre el «para qué» de la situación que vives y acepta la pérdida como camino de crecimiento y no como debilidad o fallo.

Te advierto que al estudiarla los demás esperarán cosas de ti, asumirán que porque conoces del duelo y sus etapas no llorarás o tomarás todo con una calma extrema. Las expectativas de los demás son responsabilidad de ellos no tuyas.

«Lo bueno es que tú eres experta en esto» me dijo una «amiga» cuando murió mi padre. «Soy especialista en duelo», le contesté, «pero no en que se muera mi papá. Esta es la primera vez que me pasa, sólo tenía uno.» A veces las personas merecen ese tipo de respuestas.

Las vidas no deben ser perfectas, equilibradas tal vez pero perfectas, imposible. Enfermarte es normal y esperable en un momento dado de tu vida. Nadie pierde la batalla contra el cáncer, por ejemplo, a menos que no quiera darla. La victoria no está en seguir viviendo por siempre sino en haberle dado una respuesta a la vida, a ese cuestionamiento tan difícil que te puso enfrente y que es la enfermedad.

Perder la salud es sin duda algo que no hubieras querido escribir en tu bitácora de viaje pero por inoportuna que sea esta intromisión en tu vida, la postura que tomes frente a ella marcará la diferencia. No te des por vencido, aprende a disfrutar lo más que puedas dentro de las circunstancias en las que estás. Si adoras la carne y te prohibieron comerla por alguna condición de tu cuerpo, no te quedes lamentándote por ello, alégrate por las veces que pudiste comerla y ahora voltea al grupo de los alimentos que sí puedes comer y escoge un nuevo favorito. Eso es actitud, no moverse en la queja y la lamentación, sino saber que dentro de tus circunstancias siempre puedes elegir algo; además, el queso cottage no es tan malo.

La enfermedad no está ahí para detenerte, llega a ti para desafiarte y no como castigo o lección. Es la consecuencia lógica del desgaste del cuerpo según el uso que le hayas dado y las condiciones del ambiente y alimentación que te hayas procurado.

El Dr. Robert A. Neimeyer, profesor del Departamento de Psicología de la Universidad de Memphis, nos habla de tres etapas muy marcadas en este tipo de duelo que modifica el curso de tu vida:

1) Evitación. No queremos verlo porque viola las expectativas que teníamos sobre la continuidad de nuestra vida. Es muy común escuchar a alguien decir: «A mí me gustaba mi vida como estaba, la quiero de regreso».
2) Asimilación. Vas gradualmente absorbiendo el impacto de la noticia y empiezas a hacerte preguntas sobre tu nueva condición: «¿Cómo voy a poder seguir con mi vida ahora?».
3) Acomodación. La angustia y el estrés de la fase anterior empiezan a ceder, tu concentración, hábitos de sueño y alimentación mejoran aunque sigue presente la añoranza.

Te acabas acomodando en tu nueva vida, en tu nuevo cuerpo o circunstancia. Dicen que a lo único que no podemos acostumbrarnos es a no comer, y te sorprenderías de ver a qué extremo puede llegar la gente en este asunto.

Dejarte sorprender

Cuando todo lo planeas no dejas espacio para una sorpresa. Si retacas tu closet de ropa, no hay lugar para la abundancia; si todo quieres saberlo, la vida no podrá maravillarte con una alegría. Precisamente el que conserves esa alma infantil que se alegraba enormemente por las cosas y no tenía miedo a demostrarlo es lo que te hace disfrutar de la vida. No te detenías a pensar qué dirían los demás, sino que actuabas movido por tus pulsiones e impulsos vitales. Eso te hace abrir más los ojos para captar toda la maravilla que te rodea y saber que son regalos puestos ahí, especialmente para ti. Cuando hacías la carta a los Reyes Magos esperabas, además de lo pedido, siempre una sorpresa que dejabas a su criterio y selección. No dejemos de confiar en lo que la vida puede darnos, nos conoce y sabe lo que ocupamos.

Si viste la última película de Titanic recordarás la escena en que llegando al muelle, Rose, la protagonista, voltea a ver el barco y comenta que no era tan grande después de todo. Era majestuoso, enorme, pero como ella no era feliz nada le parecía suficientemente bueno; nada, por grande que fuera, podía llenar el vacío existencial que ella sentía.

El vacío existencial es una angustia vital que se manifiesta como ansiedad ya que no sabes el porqué y para qué de tu paso por la vida, porque has perdido la motivación y todo parece darte igual. Nada hace una diferencia y la idea de vivir muchos años así te atormenta. Ningún objeto material llena dicho vacío (momentáneamente puedes creer que sí), solamente el sentido de vida, el sentido del trabajo y el sentido del amor pueden hacerlo.

Es muy común que tras una pérdida pases a existir como en otra dimensión. La sensación es como estar viviendo en piloto automático y no establecer relación real con las personas, aunque sean tu pareja e hijos.

En la actualidad muchas series y libros hablan de zombis o muertos vivientes, esos son los dolientes para mí en una primera etapa. Claro que sin violencia, pero continúan una existencia autómata como si les hubieran sacado el alma. Saber que estás enfermo, que alguien muy querido para ti lo está o ya ha muerto, son impactos tan poderosos que te quedas entumecido por varios días o semanas. Te vuelves un cascarón frágil porque lo que te hacía fuerte te ha sido arrancado del interior.

Los niños en cambio, tienen esa ventaja de dejarse llevar por la magia de un ilusionista sin intentar descubrir el truco, disfrutan de un desfile porque no ven personas disfrazadas sino personajes de ficción maravillosos, le piden autógrafos a sus caricaturas favoritas porque las admiran y casi no pueden creer tenerlas frente a ellos. ¿Creces y se pierde la capacidad de maravillarte? Ya no hay espectáculo de inauguración de un Mundial o de Juegos Olímpicos que realmente te deje con la boca abierta, estás tan desconfiado y escéptico que ya nada te sacude favorablemente.

¿Dónde está escrito que ser adulto significa dejar de sonreír, ser más serio o frío, calculador y pragmático? ¿Por qué tendría que ser que se acabe la emoción de una relación, las hormonas y el deseo?, ¿que no podrían la admiración y el respeto suplir lo que los años ya no dejan lucir como galanura?

Yo no quiero que esto pase, amo decir «¡Wow!» ante una situación nueva, un lugar hermoso o una buena noticia. Felicito siempre al cocinero de un restaurante cuando el platillo le quedó buenísimo y bien presentado, no asumo que es su trabajo y es lo mínimo que puede hacer. Agradezco el esfuerzo y el amor puesto en lo que hace.

Me quedo sin palabras ante el cielo de nuestra provincia mexicana, la vista de los volcanes desde Puebla, el color azul del agua de Cancún, al contemplar el bajío desde el Cerro del Cubilete y ante la magia de poder meter la cara al mar en Cozumel y con un visor descubrir un mundo cristalino con peces asustados ante mis dimensiones y torpezas.

La vida no es perfecta, tiene sus problemas y dolores, pero por esos minutos de contemplación de la naturaleza simplemente me reconcilio con ella. Es más lo bueno, más la gente agradecida y sencilla, más los regalos y celebración de vida que las lágrimas o el precio que haya que pagar por ellos. La generosidad del universo abruma y compromete.

Hablé de precio y quiero explicarlo muy bien: todo en esta vida tiene un costo, te pasa la factura de lo bueno, con saldo a favor, y de lo malo que tenga que cobrarte. Visto así son consecuencias pero tampoco puedes ir a una concesionaria de autos de esos de marcas extranjeras, carísimos, tomar uno y pretender salir manejando de la tienda sin pagar su precio. «Pero si es mío, si yo lo quiero, es que me encanta…». Sí, pero págalo. El dolor y las lágrimas que derramamos cuando perdemos a un ser querido o una relación son justamente el precio emocional que hay que pagar por haberlo tenido en nuestra vida. Y debemos liquidar esa deuda, si no con gusto al menos no con la sensación de que nos han timado y estafado. Amar no duele, perder al ser amado sí.

No dejes de sorprenderte, busca estar en contacto con la naturaleza y ampliar tus horizontes. Todo está ahí para ti, para conocerlo, para ser disfrutado; para que cobres dimensión de tus problemas. No es minimizar lo que te pasa, tu dolor es 100% de tu capacidad de sufrir pero también hay más que ver y sentir. Lo importante es que te sientas parte de un movimiento sin fin.

–¿Por qué estás tan contenta?–, le pregunta una olita a otra, viéndola saltar y chapotear en el agua.

–¿Qué no ves que vamos a estrellarnos en el acantilado? ¿No ves el terrible fin que nos espera? ¿No lo comprendes?

–Creo que quien no comprende eres tú; no somos dos olitas yendo a estrellarnos a una pared de roca, tú y yo somos parte del océano, eso, somos parte del océano.

Ejercicio de Asombro y Reverencia

¿Qué lugares hermosos has visitado?

¿Cómo te sentiste ante su magnificencia o grandeza?

¿Has podido ser feliz por instantes, como siempre es la felicidad, con el sólo hecho de contemplar una vista o paisaje?

¿Te has sentido alguna vez parte de un Todo, que tú no gobiernas o riges pero que te armoniza y pone en justa dimensión tu ego?

No todo puede contemplarse desde una ventana, tenemos que salir y vivir la vida, dejarnos sorprender por ella.

Yo cursé la carrera de Literatura Latinoamericana, mis pasiones son las letras y las personas. Como escritora trato de hacer un uso impecable de mi vocabulario y mi ortografía. La tanatología me ha enseñado que la vida tiene sus propios signos de puntuación. A veces ella ya puso punto final donde tú quisieras seguir escribiendo historias; una pausa larga como punto y coma tú buscas transformarla en una coma y así vas enmendándole la plana al tiempo y al destino, o intentando hacerlo, lo cual es muy desgastante. En esta parte del trayecto, conviene recordar que los signos de exclamación deben estar presentes en nuestro recorrido: exaltación de los sentidos, fascinación por las maravillas del mundo y los misterios que nos rodean. No escribas demasiados paréntesis o interrogaciones, guíate más por las pausas breves, las admiraciones; y que no te tiemble la mano cuando haya que poner punto final a una relación, amistad o trabajo que ha dejado de sumarte en la vida y comienza a restar de ti energía, ganas y vida.

Una de mis alumnas, Virginia, una excelente pintora, nos regaló a las participantes del diplomado un caleidoscopio. A quien no conozca este tradicional juguete mexicano le comento que es un cilindro con pequeños cristales de colores en su interior; al enfocarlo a la luz y girarlo, los cristalitos se acomodan formando diversas figuras.

Luz y movimiento, eso es la vida.

Continuar el trayecto

Al segundo o tercer día de una vacación ya comienzas a relajarte, no tienes tanto estrés ni prisas, estás o debes estar menos pendiente del celular y la computadora; empiezas a disfrutar. Algunos tardan más, como los niños que asisten a un campamento de verano, y cuando apenas están haciendo amigos y pasándola bien ya casi tienen que regresar.

Una de las cosas más bellas de estar fuera de casa y lejos de la rutina es poder sentarte a disfrutar de un café, no tomarte uno de esos para llevar con tapita blanca y envase que tanto contamina. Uno real, servido en taza, humeante y que te da oportunidad, tal vez en una terraza o en un cafecito callejero de ver pasar la vida, los diferentes atuendos y hasta descubrir una pareja discutiendo.

Tal vez regresas de ese viaje decidido a repetir la experiencia del café alguna vez en la misma ciudad donde vives, pero te vuelve a atrapar el trabajo y, como no hay tiempo, rara vez lo haces.

Cómo añoras de igual manera el tiempo que no pasaste con un ser querido, lo que te faltó hacer a su lado o simplemente los momentos juntos de quedarse en casa a no hacer nada. La pausa y los silencios son lo que hace que haya música, no un montón de notas que se suceden unas a otras sin tregua.

Erróneamente las personas piensan que entre más unido estés a una persona, su pérdida te dolerá más. Sí es cierto que el estar sobreinvolucrado con alguien complica el duelo, es decir, que tu papá además de ser tu padre sea tu jefe, tu mejor amigo y tu cómplice. Entonces al morir él pierdes a todas esas personas y roles que significaba en tu vida, como si no fuera suficientemente fuerte perder a un padre.

Pero lo que realmente complica el duelo es la distancia, el pleito y la lejanía emocional: no haberse visto en años, no haberse concedido perdones y dicho «te quiero», y que de pronto recibas una llamada anunciándote que eso, para lo que pensabas que ya habría tiempo, no llegará jamás.

Cuando sabes que por el tiempo que les fue concedido se amaron, se divirtieron y compartieron este viaje a profundidad, comprendes mejor que aunque esa persona ya no esté, tú debes y quieres realmente continuar el viaje.

Nadie puede ser la carreta y el camino, decía Platón, en su alegoría del carruaje. Amar bien significa compartir el trayecto contigo pero no que tú seas el camino en sí. Que me encante la luz de tus ojos no significa quedarme en la oscuridad si tú los cierras y sobre todo, si la persona, familiar o amigo que has perdido era EXTRAordinaria, ¿acaso su paso por tu vida no te quitó un poco lo ordinario? Alguien con tanto brillo debe haber esparcido un poco al caminar. Como cuando realizas un trabajo con diamantina y ésta acaba adherida en todos lados. Date cuenta de que parte de ese destello ahora te pertenece y es un desperdicio apagarlo con tristeza y nostalgia.

Lo digo en verdad, nadie se ha llevado consigo la Navidad (ni siquiera el Grinch, que bien lo intentó), la emoción de los cumpleaños, ni el sabor de la comida, la primavera, o el sonido de tus carcajadas. Todo eso sigue ahí, en esta tiendita tan bien surtida que es la vida, sólo basta que tú abras los ojos de nuevo, despiertes tus ganas de recordarle con una sonrisa y no con una lágrima, y que reconozcas en lo que viviste junto con esa persona especial las instrucciones para continuar el trayecto sin su guía o compañía.

Puede ser que tu entusiasmo al principio del duelo no sea el mismo, que lo que te mueva sea una inercia a seguir andando, que se muevan los pies pero no la voluntad, pero con el trabajo adecuado, las lecturas positivas y no resistirte ante la vida ésta volverá a seducirte, a encantarte con sus atardeceres, con sus estrellas, con su maravilloso mar.

La misión es que aunque alguien haya tenido que bajarse de tu tren consigas que el mundo siga valiendo la pena de ser recorrido.

He tenido que hacer algunos viajes sin mi esposo por diferentes motivos pues no siempre puede acompañarnos, y aunque lo extrañamos sabemos que al quedarse él no busca amargar nuestro paseo, ni su intención es hacernos sentir culpables por disfrutar o descansar mientras él trabaja. Simplemente comprendemos que el verdadero amor quiere tu felicidad, tu diversión, con libertad y no pone cadenas; te deja mover, ser y crecer, porque entre mejor persona seas mayor es la calidad de tu amor. Es un ganar-ganar por donde lo veas.

Las arañas tejen sus redes y atrapan a sus presas, pero no se casan con ellas. Que nadie te atrape, te corte las alas o te frene y luego te diga que lo hace porque te quiere. Eso que siente no se parece nada al amor maduro, se llama codependencia y control.

Que el viaje continúe porque lo considero valioso significa también que mi paso por él lo hace aun más significativo. La vida y tú bailan tomados de las manos el tango de *Perfume de mujer*, el paso doble de *El Zorro* o el twist de *Tiempos violentos*, escoge el ritmo pero no dejes de moverte.

El Tren de la vida

La vida es como un viaje en un tren, con sus estaciones, sus cambios de vías, sus accidentes. Al nacer nos subimos al tren y nos encontramos con nuestros padres, y creemos que siempre viajaran a nuestro lado, pero en alguna estación ellos se bajaran dejándonos solos en el viaje. De la misma forma se subirán otras personas, serán significativas: nuestros hermanos, amigos, hijos y hasta el amor de nuestra vida. Muchos bajarán y dejarán un vacío permanente. Otros pasan tan desapercibidos que ni nos damos cuenta que desocuparon sus asientos. Este viaje estará lleno de alegrías, tristezas, fantasías, esperas y despedidas. El éxito consiste en tener una buena relación con todos los pasajeros, en dar lo mejor de nosotros. El gran misterio para todos, es que no sabemos en qué estación nos bajaremos, por eso, debemos vivir de la mejor manera, amar, perdonar, ofrecer lo mejor de nosotros. Así, cuando llegue el momento de desembarcar y quede nuestro asiento vacío, dejemos bonitos recuerdos a los que continúan viajando en el tren de la vida.

Anónimo

Ejercicio de Recuperación

¿Qué actividades te gustaba realizar y ya no haces?

¿Culpas a alguien por dejar de hacerlo?

¿Qué te impide ahora realmente hacerlo?

Si lo extrañas, vuelve a intentarlo. ¿Estás dispuesto? ¿Por qué?

Recupera tus ganas de moverte, de salir y viajar, porque no sabes cuánto dure esta fiesta para la cual te fue entregado un boleto; no lo desperdicies, muchos quisieran asistir.

Muchas veces las parejas se sienten traicionadas o engañadas porque cuando se conocieron les gustaba bailar. Incluso la primera salida pudo ser a bailar salsa y después de eso, 14 años sin danzón. Tal vez te conocieron alegre y divertida y ahora sólo hablan de: «hay que pagar la luz», «falta comprar los útiles de los niños» o «no me has depositado lo del gasto». Adiós romance, adiós aventura, adiós ritmo y compás. Platica con tu pareja, reencuéntrense y guarda el traje de seriedad para otra ocasión. Aquí y ahora la vida se trata de un VTP: Voy Totalmente Preparado para ser feliz.

«Empieza a ser ahora lo que serás de aquí en adelante.»

San Jerónimo

Capítulo

3

Descubrir y descubrirte

Al descubrir un nuevo lugar, también revelas una parte tuya que no habías podido ver hasta ahora. Tú no te conocías a ti mismo en la nieve, en los rápidos de Veracruz o de fiesta en San Miguel de Allende; eres un nuevo tú descubriendo escenarios distintos, retos inéditos y paisajes desconocidos.

Imagíname a mí con 1.53 cm de estatura, forrada hasta los dientes con capas y capas de ropa que casi no me dejaban mover, con unas botas para esquiar que torturaban mis piernas, antiparras y gorro para que no se me congelaran las orejas y así, con toda esta parafernalia encima, aprender a mis entonces 47 años, a deslizarme por la nieve. Aprender a frenar en algo que llaman «hacer pizza», y a la vez disfrutarlo. Claro que descubrí muchísimo de mí misma intentando hacer eso.

Yo sabía que no me gusta no estar en control total de mi persona pero desconocía que podía llegar a sentir deseos de llorar por sentirme abrumada con algo tan totalmente nuevo para mí. También noté que no cualquiera puede entender tus miedos cuando te han conocido valiente y atrevida. Los miedos son tan inexplicables, a veces tan ilógicos y paralizantes, que te enseñan quiénes son las personas realmente cercanas a tu corazón que pueden vivirlos contigo y acompañarte en tu proceso sin necesidad de que te digan cómo tendrías que sentirte.

La tanatología te explica cómo el mundo, ante una gran pérdida, dejó de ser un lugar seguro y explicable para ti; tal vez hasta ahora te sentías respaldado por creencias, como que había una ley de vida en la que los padres morirían antes que los hijos y que si eras lo suficientemente bueno y trabajador te iba a ir bien. El dolor y las experiencias dolorosas nos tiran estos falsos soportes y entonces tenemos que descubrir el mundo, uno nuevo sin esa estructura y sin el ser amado.

Piensa en el ejemplo de una mujer que lleva 37 años de matrimonio, una vida entera al lado de quien hoy ha fallecido y no sabe cómo vivir sin él; contrario a lo que la gente piensa, entre más cercana sea la relación, más satisfacción del deber cumplido puedes tener y entonces tu duelo será menos complicado. Tienes que recordar que sí tuviste vida antes de ser pareja y que puedes volver a tenerla sin que sea igual o como tú la esperabas.

Descubrirás cómo te comportas en el sufrimiento, cómo te sientes ante las miradas de la gente, algunas con lástima, unas que te juzgan y otras que te admiran. Tú no querías ser ejemplo para nadie, tú no querías pasar por esto y sí estás dándole una respuesta a la vida, volviendo a salir; no asistes a eventos para retar al dolor o ponerte de muestra a seguir, sino porque no sabes hacerlo de otra forma más que de la manera responsable y apegada a la vida que lo has hecho siempre. No es ego, se llama resiliencia (capacidad de los metales de aguantar los embates).

Al descubrir lo que es la pérdida o el duelo te descubres a ti mismo en él, cómo reaccionas, qué tanto duele, etcétera. A veces es menos de lo que nuestra cabeza nos dicta que debería de ser. ¿Por qué pensamos que si de verdad queríamos mucho a una persona o una relación tendríamos que estar tirados en el piso sufriendo amargamente? La tristeza se va viviendo a dosis reguladas, tarda en desaparecer pero no llega para quedarse a menos que tú la invites a vivir contigo de manera permanente. Si no estás tan mal como te imaginaste que estarías es porque la mente rellena con fantasía desbordada lo que no tenemos de información. Y si me permites la comparación extraña, es como las películas pornográficas: te contaminan haciéndote pensar que así debería verse, escucharse y sentirse el amar; y cuando tú no replicas eso en casa crees que tal vez las cosas no están pasando como deberían y esto no es necesariamente cierto.

Lo que te ocurre es lo que tiene que ser en este momento: la tristeza que manifiestas y sientes durante el duelo es en la dimensión y magnitud adecuada con la que pueden lidiar tu mente y tu cuerpo en ese lapso de tiempo.

Es increíble como si estás bien, sereno, piensas que te estás engañando y que luego vendrá la crisis y te vas a desplomar. Te da miedo estar bien pero si confías en que sí se puede sentir la satisfacción del deber cumplido, una agridulce paz y mucho cansancio, y que todo eso es normal, ayudas a tu proceso en lugar de boicotearlo.

En un viaje descubres cómo es el clima en ese lugar, qué comen, cuáles son sus costumbres, cómo se visten y su historia. Si pones verdadero interés descubres también si son felices sus habitantes, con cuánta prisa andan y el nivel de estrés que manejan.

Descubrirte a ti mismo es maravilloso. ¿Cómo puedes reaccionar ante algo inesperado, qué fuerza puedes manifestar cuando nadie te creía capaz de ello? ¿Qué tan lejos puedes llegar en algo para lo que has trabajado y te has esforzado mucho? Es como si cada día le pusieras una gotita de agua al pozo y de pronto ya pudieras ver el nivel del agua. Es un gusto que sigas aprendiendo de ti, porque al fin y al cabo esta vida es una escuela y a ella vienes a aprender y a enseñar, y como en toda institución prestigiada, no puedes saltarte ninguna asignatura por difícil que te parezca.

Ejercicio de Descubrimiento

¿Qué te enseñó la vida acerca de ti mismo en tu duelo más reciente?

¿De haber sabido que iba a doler tanto perder lo que perdiste, hubieras preferido no tenerlo nunca?

¿Te descubres más fuerte cada día, o más débil?

¿Será que estás usando todas tus herramientas emocionales para estar en este viaje?

«Y cuando llegue el día del último viaje y
esté al partir la nave que nunca ha de tornar,
me encontraréis a bordo ligero de equipaje,
casi desnudo, como los hijos de la mar.»

Antonio Machado

Conquistar y conquistarte

Cristóbal Colón descubrió América pero, ¿la conquistó? Michael Jackson se casó con Mary Presley pero, ¿la conquistó? ¿Qué es conquistar? No significa dominar o someter, conquistar significa enamorar, procurar, trastocar los sentidos; cuando algo te conquista, eres suyo.

Un viaje, por hermoso que sea y por bien planeada que esté la ruta puede o no conquistarte. Lugares pequeñitos y sin tanta fama pueden ganarse tu corazón de inmediato, al punto de desear vivir en ellos cuando te retires o formar ahí una familia.

Algunos creyentes de la reencarnación (no me cuento entre ellos) dicen que cuando un lugar en especial causa esta impresión en ti es porque seguramente resuena en tu interior y ya viviste ahí en alguna otra vida. Lo que yo realmente quisiera es vivir ahí en esta, que es de la única que tengo prueba y certeza.

A mí el lugar que me conquistó fue Sausalito, California: tranquilo, ordenado, limpio y muy romántico; así lo percibí pero no me pidan que les explique con lógica y razón por qué me conquistó, no podría hacerlo, porque el corazón tiene razones que son y basta. ¿A ver, explíquenme por qué no les gusta el brócoli o por qué su color favorito es el rojo? Muchas veces la respuesta es porque sí, o porque no y punto.

Por eso a veces te enamoras de la persona equivocada, cuando todos te decían que no lo hicieras, que no te convenía. La lógica de las ideas no comulga con las pulsiones del corazón. Igualito que en un duelo, ante la pérdida actuar raro o fuera de toda congruencia es lo normal: una especie de enamoramiento pero con la tristeza. Se alcanza la cima de una montaña pero se conquista el corazón de una persona.

El duelo tiene cinco etapas que siguen siendo, le pese a quien le pese, la descripción más puntual del trayecto doloroso. Lo digo porque nuevas corrientes sobre la pérdida quieren convencer sobre una ciencia del dolor y desacreditan las etapas Kübler-Ross como si fueran un mito. Su argumento es que están tan trilladas estas 5 etapas que ya se usan como un referente en la política, en el cine y hasta en las series televisivas. Precisamente el hecho de que ahora sean muy conocidas y que se usen con frecuencia son prueba de su autenticidad; desde 1969 aparecieron en el primer libro de su autora *Sobre la muerte y los moribundos*, y han llegado para quedarse. No dice, como algunos malentienden, que son la manera correcta de vivir una pérdida; sino reflejan claramente por lo que cada quién en su momento y a su tiempo vivirá ante el sufrimiento de la ausencia. No son una caja de zapatos talla 8 que trata que todo el mundo quepa en ella, se convierten en un traje hecho a la medida del dolor y la culpa que cada doliente pueda sentir. Aunque la aceptación que llega al final de una batalla encarnizada con tu enojo y con tus culpas es una verdadera conquista en sí misma.

¿Qué he conquistado yo? La paz de saberme ejerciendo una misión de vida, el amor de un hombre con quien he compartido casi 25 años, la aceptación de mis duelos y la felicidad.

Ejercicio de Introspección

¿Cuántos años tienes? (Perdón, necesito preguntarlo.)

¿Cuál consideras tu mayor conquista hasta ahora?

¿Qué lugar te ha conquistado?

¿Qué ganaría o qué ha ganado la persona que te conquistó?

Para algunos el viaje concluye

Estamos hablando de viajar, de divertirnos, de frustrarnos y también de crecer. Es viaje porque se termina. Es un paréntesis en nuestra agitada vida y obligaciones, una tregua al cansancio y una merecida zanahoria alcanzada cuando has estado tras ella mucho tiempo. Viajar llena el alma, la sacude, la alimenta y la estruja a veces, cuando eres testigo de la pobreza o las malas condiciones de vida que algunos enfrentan. Viajar se escribe con V de vueltas, vulnerabilidad, vida y valor.

Pero el viaje para algunos termina antes que para otros, su tiempo concluye y tienen que partir o regresar a casa, como quieran verlo. El caso es que esa separación duele y mucho.

Recuerdo que de pequeña muchas veces viajábamos sin mi papá, él no podía ausentarse del trabajo y mi mamá por un tiempo laboró precisamente en una agencia de viajes así que se volvió una experta en organizar, salir y disfrutar. Al principio yo extrañaba a mi papá pero me di cuenta de que él disfrutaba cuando nosotras salíamos (probablemente descansaba de tres mujeres de carácter fuerte en casa y la verdadera vacación era que no estuviéramos). Yo decidí no extrañar sino hacer que el viaje valiera la pena, regresar y contarle nuestras aventuras, traerle regalos y tomar muchas fotos para que de algún modo él conociera esos lugares. Tú decides si cancelas tu posibilidad de diversión porque alguien no está contigo o si le sigues exprimiendo a la vida todo el jugo que puedas, ¿qué tal que quien no pueda ir al próximo viaje seas tú?

Mi querida amiga, compañera de carrera y generación, Diana tiene una nieta; una niña preciosa que considero muy afortunada por tener una abuela feliz, vital, con una vida propia y con ganas de bailar siempre que puede. Ella es una abuela maravillosa, quien no se quedó rumiando su pasado o lamiendo las heridas de sus pérdidas, a quien no le ganó la añoranza por un marido que murió muy joven y que vive hoy más que nunca en sus hijos y en esa nieta, misma que con su sonrisa y hermosura lo honra día a día siendo feliz.

¿Qué culpa tienen los niños de las pérdidas de sus padres o abuelos? Es triste que al cargar sus dolores se pierdan la posibilidad de verlos felices. Un niño pequeño cree que todo sucede por su culpa o gracias a él, piensa que el estado de ánimo ajeno se debe a que hizo algo bien o, por el contrario, que se equivocó; incluso que él mismo no es suficiente para hacer feliz a alguien más.

Repito: los niños no tienen la culpa de haber nacido cuando ya se había muerto el abuelo o el primo o estaba enferma la tía. Los traemos al mundo para que sean felices, no para que carguen con nuestras frustraciones e infelicidades. Un hijo o una hija lo merecen todo y por ellos aprendemos a dar más allá de nuestros límites autoimpuestos.

Si has perdido un poco el entusiasmo por el recorrido y por el día a día porque esa persona que solía estar ahí para ti ya no está, debes redoblar esfuerzos. No te pido que no llores, ese es el lenguaje de las emociones y repetiré mil veces que la ausencia duele; llora y no permitas que alguien, sea quien sea, te diga que no estás bien o que no has superado tu pérdida porque aún lloras. El *lagrimómetro* no mide los avances, sólo la emotividad y la cercanía que te permites con tus emociones. Me asusta y me preocupa quien no puede llorar, porque a base de razonamientos lógicos ha bloqueado un mecanismo natural de expresión. ¿Quién creemos que somos cuando le decimos a un niño: «no llores por eso», o «eso no es para que te pongas así»? No entiendo por qué pensamos que tenemos autoridad suficiente para conocer los sentimientos y el impacto de algunos hechos sobre ellos, inclusive más que quien los está viviendo. Nadie puede decirte que deberías sanar para ahora o, por el contrario, que estás llevando tu proceso demasiado rápido; el duelo siempre es una experiencia personal, una carretera alemana sin límite de velocidad.

El destino marca muy claro cuando alguien tiene que trascender, como llamaba Elisabeth Kübler-Ross a morir. Su tiempo aquí ha terminado y tiene que seguir el aprendizaje; tanto el suyo como el tuyo pero por ahora sin estar físicamente juntos. Aprender a tener una nueva relación con tu ser querido, donde no lo veas ni lo puedas tocar pero lo sientas y sus palabras todavía resuenen en tu cabeza, es muy importante.

Las personas que están muriendo aprenden muchísimas cosas en esos últimos días y minutos, a veces ya es demasiado tarde para aplicar ese conocimiento adquirido. Entre esas lecciones está darse cuenta de su pequeñez comparada al tamaño del universo, deshacerse de la negatividad y buscar lo mejor de sí y de los demás. Estas difíciles lecciones son como las tormentas en tu vida, prueban a los marineros, te enseñan quién eres en realidad.

Por ejemplo, una pareja que se lleva bien pero no desarrolla intimidad de buena calidad es como un arbolito de invernadero, a la primera ventisca puede caer; en cambio una pareja con un nivel alto de entendimiento, compenetración y comunicación equivale a un roble que crece junto al acantilado: ni la tormenta más fuerte puede moverlo.

Perder a un hijo, que nuestros padres mueran, una infidelidad o una mentira puede ser esa tormenta en nuestro camino. Ese es uno de los propósitos que la pérdida tiene en nuestras vidas: unirnos más, a niveles que nunca pensamos que fueran posibles. Ahí profundizamos en el conocimiento el uno del otro y nos conectamos como con ninguna otra lección en la vida podríamos hacerlo.

El caso es que todos los regalos que te da la vida, incluyendo la presencia de quien amas, son temporales. Cuando puedes decirles adiós sin que ello signifique el fin de tu existencia, entonces es que has encontrado algo dentro de ti mismo que nunca podrá perderse. El significado de las personas en nuestra vida es amor y ese amor se va transformando, pero no se pierde con la «no presencia» de alguien.

Es muy difícil esto que te pido, a algunos les ha tomado una vida entera descubrirlo y en su lecho de muerte piensan que debieron ocuparse más en vivir y no en desear morir después de perder a su pareja o a su hija. La muerte inevitablemente llega pero la vida hay que buscarla y también hay que producírnosla.

Un conocido mío estaba muy orgulloso de tener muchos hermanos, cada Navidad tomaban fotos por familia y luego una gran panorámica con aquel familión lleno de sobrinos y de alegría; un accidente terminó con la vida de uno de sus hermanos mayores y eso lo cambió de una forma medular, hasta que un día pudo expresar: «Ya nunca seremos diez hermanos». Qué bueno que lo dijo, que lo dejó salir de su sistema para que pudiera yo explicarle que siempre serían diez y no necesitaban estar en presencia todos para seguir aprendiendo los unos de los otros, crecer y darle respuesta a la vida. En su corazón y en su mente, que es donde realmente valen las cosas, son diez, un número cerrado y perfecto porque la muerte no se lleva consigo biografías ni memorias ni el tiempo compartido. Lo traemos puesto y es una segunda piel que ningún fuego puede quemarnos. Querer cuesta, y el precio a pagar por él significa extrañar tanto.

Si decidieras protegerte y ya no querer a nadie para no sufrir si se enferman, mueren o se van, entonces estarías experimentando una de las peores pérdidas: el que haya tanta distancia entre los demás y tú. Que tú te conviertas en un espectador de lo que es el amor, o la amistad o la familia, es en sí perderte de la vida misma. Tal vez así no sufras al perder pero sufrirás al vivir, y no tiene sentido. La única manera de salir del dolor no es evitándolo, es sufriéndolo; pasar a través de él; transitarlo y usarlo como trampolín y no como un lugar cómodo para permanecer. Inclusive el dolor de la pérdida o ausencia puede convertirse en el deseo altruista de ayudar a otros como una manera de encontrar paz para tus heridas del pasado y transmutarlo en empatía y solidaridad.

Uno de mis hijos se fue un año a estudiar fuera. No puedo decir que seamos una familia muégano, porque no lo somos y yo soy la que adoro tener a todos juntos, e incluso disfruto mucho ver una película, aunque no hablemos por dos horas (porque en mi casa eso está prohibido, interrumpir la función es una gran afrenta) con tan sólo saber que están ahí.

Esos meses sin un miembro del equipo me enseñaron mucho, y perdón que use mi caso pero finalmente es mi vida la que más conozco y sobre la única que siento la suficiente autoridad como para hablar de ella.

Tenía que tomar una decisión, podía ser nostálgica y caer en la añoranza cada 15 minutos o hacer justo lo que él me había pedido y prometido antes de irse: «A crecer, mamá».

El amor es obediente y la responsabilidad, entendida como dar una respuesta por cada una de nuestras acciones, me llevaron a hacer justamente eso último. Ante un viaje había la posibilidad de pensar todo el tiempo cómo lo hubiera disfrutado él, qué feliz estaría ahí con nosotros, o bien disfrutarlo yo ser feliz yo y compartirlo con él después –traducido en el mejor regalo que una madre puede darle a sus hijos: que sepan que ella tiene una vida y que es feliz–. Además, cabe decir que él no la estaba pasando nada mal. Espero haber aprendido bien la lección ya que ahora el tercero de mis críos no quiere irse un año, ¡quiere irse cuatro!

Muchas pérdidas se dan por un motivo gozoso: un hijo se va a estudiar, una hija se casa, un hermano se muda al extranjero por un ascenso o simplemente nuestra querida vecina se muda porque ya cambió de código postal. Los cambios te tambalean, no te sientes capaz de sobrellevarlos bien pero finalmente si fluyes te das cuenta que se aprende. Si la vida es una escuela, como se ha dicho en muchas ocasiones, créanme que la mayoría de las materias a cursar tiene que ver con perder y dejar ir. Cuando experimentamos en propia piel la pérdida sentimos a los que queremos e inclusive sentimos a personas que hasta ese momento eran extraños pero que estuvieron ahí para nosotros en el momento que los necesitamos. Un corazón que se rompe se inflama y así adquiere un tamaño mayor. (Todo lo que necesiten saber sobre cómo reparar este músculo maravilloso que bombea sangre, lo pueden encontrar en mi libro *Cómo curar un corazón roto*.)

Todo es temporal, no olvidemos eso. Y pensemos antes de cambiar de página si merece la pena pasar los días recordando que vamos a morir o si vale más sentir la vida, con todos sus recuerdos.

El amor que hemos dado y que hemos recibido nunca podrá perderse, lo traemos tatuado en la piel.

En muchos casos, es necesario mantener este difícil equilibrio entre el recuerdo del pasado y la inversión en el futuro durante el resto de nuestras vidas, cosa que exige la realización de continuos ajustes.[7]

Ejercicio de Soltar

¿Quién cercano a ti ha concluido ya su trayecto de viaje?

¿Sientes que soltaste o te arrebataron?

Tu viaje sigue teniendo sentido, ¿te das cuenta de eso ahora?

¿Qué te ayudó a resignificar tu vida y seguir adelante?

¿Hoy comprendes que cumplir tus metas es una forma de honrar la memoria de quien ya no está contigo? ¿Cuáles son?

Bien por ti, sigue adelante.

¿De dónde sacar fuerzas?

Esta es la pregunta número uno en consejería tanatológica, lo que se repite el paciente constantemente en su mente es «no voy a poder con esto».
Recuerda que la mente es sumamente obediente,
si eso crees, eso tienes; es mejor decirse a uno mismo: «No sé cómo lo voy a hacer pero sé que lo lo-
graré», o «Yo lo puedo todo pero no puedo solo»,
que es la verdadera definición de autoestima. No
puedes ir por la vida con tantos miedos de que
algo pase, tienes que saberte capaz de enfrentar
lo que venga. Sentir esto no es darle permiso a
la vida de que te pasen cosas, ¿cuándo dejarás de
pensar que la Ley de la Atracción funciona también para la muerte o las pérdidas? Este pensamiento te ha dañado mucho, llenándote de una
culpa irracional.

Cuando alguien detuvo su andar se detiene el
tuyo, sólo por el tiempo que empleas en salir de
la conmoción, llorar y tomar valor, pero después
empiezas a escuchar el llamado de la vida. Es un
latir, una pulsión que nos convoca, y si hay salud
emocional el ser humano siempre tiende a la vida.
Pérdida y cambio son dos palabras que van de la
mano, vale la pena no pelearte con ninguna de las
dos porque las encontrarás como constante en tu
vida.

La respuesta a la pregunta que formulaba al principio de este apartado es entonces sencilla de encontrar y difícil de ejecutar. La fuerza la da el amor en presente, pues la muerte acaba con la vida de alguien pero no con lo que sientes por esa persona ni lo que ella siente por ti. El amor es una fuerza tan increíblemente poderosa que te habilita para vivir aun sin la presencia amada. Ahora bien, si la persona que se fue de tu vida y no continuó contigo el viaje porque así lo decidió, porque se le acabó el amor o porque se le cruzó uno nuevo, también será el amor quien te rescate: el amor por ti mismo. El eje de tu vida no puede ser otra persona ni es correcto vivir una vida satelital que priorice las necesidades del otro por encima de las tuyas. Sin ti, tu vida no es posible y así debes recordarlo.

No des el 100% de ti porque te quedarás sin nada, sólo comparte el porcentaje que desees con quien tú elijas. Tu capacidad de amar la sigues trayendo puesta se vaya quien se vaya de tu lado. Sabemos con quién nos casamos pero nunca de quién nos divorciamos.

La mujer mexicana es fuerte y llena de recursos para salir adelante pero a veces el provenir precisamente de una familia de mujeres fuertes y que han podido solas la hace decretar en su vida que ella puede salir adelante por sí misma, que no necesita un hombre a su lado. Qué bueno que no necesites (verbo que se utiliza en las relaciones codependientes), pero no tiene nada de malo tener uno, o querer tener uno. Si es tu caso, no lo alejes; déjate cuidar y consentir, agradece su presencia en tu vida sin violencia innecesaria tratando de recordarle a cada momento que sin él estarías bien. En el fondo es un miedo enorme a ser lastimada, a sufrir y por eso te curas en salud antes de tiempo. Estas conductas acaban alejando a las parejas. A tu pareja le gusta sentirse útil e importante en tu vida, saber que ocupas su apoyo y consejo, que no estás colgada de él pero que amas su presencia en tu vida.

Algunos autores plantean las etapas del duelo como si fuera en sí un viaje pasivo para el doliente, quien funge como espectador de los estados emocionales que se le presentan, pero esto no es así. Yo coincido más con Thomas Attig, filósofo y escritor americano quien plantea lo siguiente:

> El proceso de duelo está lleno de elecciones, de caminos o posibilidades que podemos aceptar o descartar, seguir o evitar. Una tarea fundamental de este proceso es volver a aprender cómo es el mundo, un mundo que la pérdida ha transformado para siempre.[8]

Elisabeth Kübler-Ross jamás dijo que las cinco etapas tuvieran que vivirse en el mismo orden, con la misma duración e intensidad, como si fuera una receta de cocina. Tal vez la traducción de sus textos no le haga entera justicia a la grandeza de su pensamiento y al respeto con que abordaba cada vida que tocaba. Los tanatólogos decimos que cuando tocamos el dolor ajeno es casi tan sagrado como entrar a un templo, y que deberíamos quitarnos los zapatos en señal de respeto: por «zapatos» yo entiendo prejuicios, ideas preconcebidas y estructuras que te impiden entrar en contacto total con la realidad del que sufre y necesita guía y consuelo.

El amor te empoderará y te irá mostrando el camino, pero debes de tomar una postura activa y fluir con él, pensar en positivo y llenar tu mente de frases que apoyen y faciliten este proceso. Aquí te comparto algunas de las que me sirven a mí, úsalas como mantra o ancla, para que la turbulencia del momento no te arrastre:

- La vida se irá mostrando ante mí con problemas pero también con soluciones.
- No hay carga más pesada que la que puedan llevar mis hombros; mi fuerza es equivalente a los embates de la vida.
- Cuento con recursos, no soy una víctima.
- Jamás estaré sola porque no pienso abandonarme.

Si el destino e itinerario programado para tu viaje sólo valía la pena porque alguien iba a estar contigo, entonces en sí no tiene valor, eso desacredita tus esfuerzos y el que lo hayas escogido en un principio.

París es romántico, vayas o no acompañado, lo importante es ajustar la mira para que tu visión capte lo que hay y no se enfoque en alguien que no está. Disfrutar de las cosas y los momentos no significa abandonar a quien amas, solamente recordar más tu vida que su muerte y sus circunstancias. Ser feliz no es traición para quien ya no está pero no serlo sí es falta de gratitud y autosabotaje.

En una ocasión mis hijos y yo visitamos un lugar al que llegamos en tren. Si algo tiene este medio de transporte es que parte justo a la hora, difícilmente hay retrasos y, eso sí: no espera a nadie. El paseo fue divertido y nos tomó tiempo de más. Al regresar a la estación notamos que faltaban tan sólo unos minutos para que el tren partiera. «Tenemos que correr, mamá», me dijo mi segundo hijo (quien es muy deportista y le encanta el gimnasio). Yo comencé a hacer ejercicio con él más por un tema de prevención de la salud que por verdadera afición al sudor, pero llegaba el momento de probar que aquellas visitas a la caminadora no habían sido en vano; corrimos, obviamente ellos me rebasaron y me daban palabras de aliento para que no me quedara tan atrás; me ardía el pecho del esfuerzo que estaba haciendo pero por mi mente sólo cruzaba una idea: «No puedo defraudar a mis hijos». Llegamos, aunque a mí me tomó casi todo el trayecto de vuelta recuperarme y ellos lo hicieron en seguida. Probablemente los tres ni recuerden ese hecho que yo atesoro como quien después de haber dado lo mejor de sí, cruza la meta (o aborda el tren).

Les cuento esta anécdota porque ejemplifica la pregunta «¿De dónde saco fuerzas?». De las ganas de dar una respuesta, de no quedar mal, de sentir la satisfacción del deber cumplido y hasta de negarte a hacer el ridículo. Las fuerzas vienen a ti porque muchas veces no son los pies los que corren o tus piernas quienes te llevan a seguir trabajando, recoger hijos del colegio, atender casa y salir adelante; es tu voluntad.

Con los ojos nublados pero deseando ver

¿Qué hay de las lágrimas? ¿Por qué nos molestan tanto y las asociamos con debilidad o duelo no resuelto? Llorar no significa no estar bien, significa ser emotivo y dejar fluir algo que naturalmente viene a nosotros para mostrarnos que estamos vivos. Lágrima es igual a prueba de vida.

¿En cuántos primeros días de clase del jardín de niños, festivales escolares, despedidas, competencias, entrega de medallas y graduaciones has tenido los ojos totalmente nublados? Si fueras lente de cámara, la imagen saldría borrosa pero desde tu visión se guarda nítidamente en tu corazón.

Quieres ver más allá del dolor y el húmedo picor que sienten tus ojos, no quieres perderte nada. Eso te pasa en un viaje que vives con intensidad, en un ataque de risa y también durante el duelo. Lloras pero necesitas estar ahí, ser testigo de todo, rellenar los espacios vacíos de la historia y no arrepentirte después por no haber tenido el valor de enfrentarlo.

En los hospitales y salas de urgencia muchas veces no dejan pasar al familiar cuando el paciente ya está muy grave, o si ya falleció, a despedirse de él enseguida; les da miedo que se ponga mal porque no saben cómo contener el llanto y responden muy nerviosos ante las manifestaciones descontroladas de sufrimiento. Sin embargo, es tu derecho estar ahí presente, despedirte, tocar a tu ser amado, abrazarlo y darle dignidad ante el trato —a veces tan indigno— de las instancias médicas o legales.

La vida es un viaje y así como acompañas al aeropuerto a despedir a alguien, es importante hacerlo también junto a una cama, ya sea de hospital o de casa, es un verdadero privilegio estar con alguien en esos últimos momentos. Sin duda tienes frente a ti a grandes maestros que te hablarán de lo que es verdaderamente importante en la vida, de lo que se arrepienten y de lo que sí hubieran vuelto a hacer; si tienes esa oportunidad que es un regalo disfrazado, tómala. Por evitar las lágrimas compartidas podrías después llorar solo por los rincones y por un tiempo mucho más largo.

Al estar junto a mis pacientes en etapa terminal he aprendido unas cuantas cosas que en cada día, en cada momento de este viaje existencial, me acompañan y hacen actuar. Les participo algunas:

- Las oportunidades no vuelven, tómalas cuando las tengas, tanto para un negocio, para conocer a alguien o para hacer un viaje. No esperes ante dudas sobre si las condiciones son ideales para ello, tú hazlas óptimas.
- No vivas permanentemente a dieta, disfruta de todas las cosas pero en porciones pequeñas. No derroches los placeres, como decía Juan Manuel Serrat, mejor adminístralos para que no se te acaben pronto.
- Deja de quejarte de tu cuerpo; puede que tengas celulitis pero caminas, tal vez no tengas el cuerpo de ex gobernador de California pero tienes fuerza y salud.

- No desperdicies un sólo día enojado, la vida es muy corta. Dile a las personas que las amas, concede tus perdones y da las gracias cada vez que puedas, el arrepentimiento por no hacerlo a tiempo te carcome la alegría.

- Aléjate de las personas que te hacen daño; si es tóxico para ti a pesar de llevar tu misma sangre, marca frontera de salud emocional.

- Haz la diferencia en la vida de las personas, piensa cómo te gustaría ser recordado y vive de esa manera.

- Es mejor llorar cuando tengas que hacerlo, que sollozar a cuentagotas el resto de tu vida. Yo te diría: llora hasta que estés listo para reír de nuevo.

Manos a la obra, creo que queda mucho por hacer.

«Una vida inútil, es una muerte prematura.»
Goethe

Ejercicio de Visualización

Si pudieras dejar escrito tu epitafio para que lo grabaran en tu lápida, ¿qué te gustaría poner?

Si hoy murieras, ¿crees que ya te has ganado ese epitafio o todavía no?

Si en lugar de ponerlo tú lo escribieran tus padres, ¿qué diría?

Y tu pareja, o ex pareja, ¿qué pondría?

¿Tus hijos, si los tienes?

Y por último, ¿qué diría tu país de ti?

Capítulo

4

Se acerca el final del viaje

Es una gran alegría recibir a alguien que llega de visita a tu casa para quedarse unos cuantos días; preparas todo para su llegada, quieres ser el anfitrión perfecto. Al cabo de un tiempo el entusiasmo de su llegada empieza a mermar, no porque se acabe el cariño sino porque simplemente estás cansado. El cuerpo se agota, la mente también y necesitas ya no poner cara de protocolo y quedarte callado todo el tiempo que gustes sin que parezca que estás siendo rudo. Reconoce que es una gran alegría también despedir a quién te ha visitado, volver a tu habitual rutina y al orden de tus cosas.

Con un viaje pasa algo parecido: al principio tienes emoción de empacar, la desmañanada no te pesa aunque llegues lo más temprano posible, muestras buena actitud para caminar de más, malpasarte con tus horas de comida y seguramente hacer largas filas para los lugares que conocerás. Después de unos días necesitas vacaciones de la vacación; unos tienen más aguante que otros y se someten a excursiones donde en 15 días visitan 32 capitales, pero algunos otros prefieren explorar bien un sólo destino y poder decir que realmente lo conocieron.

Si hoy abandonaras esta tierra, esta vida que conocemos, ¿realmente podrías afirmar que la conociste? Asegurar que sabes de sus tristezas y alegrías, de la experiencia de ganar y el duro golpe de la derrota, los días soleados y los muchos lluviosos. ¿De verdad podrías decir que sabes lo que es el amor, la maternidad, el ser hermano, y de todo lo que implica ser buen hijo?

Dure lo que dure tu vida, la muerte siempre llega demasiado pronto, pero el tiempo que te sea concedido debe aprovecharse al máximo. Como no sabes cuántos amaneceres te queden por presenciar, ¿por qué no te quedas despierto en uno para ver ese milagro suceder? ¿Por qué no te tomas el tiempo para contemplar un atardecer o voltear al cielo y descubrir una estrella?

Yo siempre he sido florecita de asfalto. Nací, crecí y he vivido en el Distrito Federal prácticamente toda mi vida, a excepción de dos años que por el trabajo de mi esposo nos mudamos a la ciudad de Puebla, donde aprendí a ver el cielo; no podía más que detenerme en el camino maravillada cuando iba a dejar a mi hijo al jardín de niños porque, de pronto, en el trayecto al cruzar la avenida se presentaban ante mí dos hermosos volcanes. En aquel tiempo siempre estábamos en alerta amarilla y constantemente caía lluvia de ceniza. Aquel cielo tan azul con ese regalo nevado en la cima y una pequeña fumarola recordándole al mundo que no era una postal, merecía respeto; a aquel coloso cariñosamente lo llamaban Don Goyo. Si alguna vez me invadía la nostalgia y extrañaba a mi mamá o a mis amigas, volteaba a ver el cielo y me repetía: aquí es donde quiero estar, aquí es donde quiero que crezcan mis hijos.

Julio Cortázar, inmortal escritor argentino, decía en su famosa novela *Rayuela*:

> Dejábamos las bicicletas en la calle y nos internábamos de a poco parándonos a mirar el cielo porque esa es una de las pocas zonas en París donde el cielo vale más que la tierra.[9]

Es muy cierto que en tu andar tan agitado hay días enteros en que no volteas para arriba (puede ser que ni para contemplar, pedir, o agradecer), andas como autómata con la vista al suelo, ¡de cuánto te pierdes por esta mala costumbre! Si tú vives cerca del mar, no te habitúes a ello y dejes de sorprenderte, te aseguro que nunca es el mismo y puedes descubrir en él vida, grandeza y perspectiva; no dejes de buscar el tiempo para contemplarlo. Si por el contrario, tu paisaje es desierto maravíllate de que ahí crezca vida: las flores más hermosas al igual que las personas, son a las que les ha costado salir de la tierra árida y apretada; bajo condiciones difíciles y a veces inexplicables surgen para que los demás podamos seguir creyendo que la primavera es posible.

Te pido que hagas todo esto, que alertes tus sentidos y disfrutes las cosas porque todo viaje llega a un fin. No sabemos cuándo será y en ello radica la grandeza de la vida. Ante la certidumbre de la muerte hay una enorme incertidumbre de cuándo ocurrirá, pero pasará, de verdad créelo porque si no lo haces vas a desperdiciar muchos días pensando que te quedan años y la verdad no puedes saberlo a ciencia cierta; dejarás pasar oportunidades de reconciliación con los tuyos pensando que ya habrá más y mejores, nadie puede garantizarnos eso. Hoy estás aquí, leyendo esto y eso implica tantas cosas: puedes ver, sabes leer, tienes un espacio para dedicarle a la lectura, un lugar en donde te sientes cómodo para hacerlo y tal vez alguien que te quiere y te ha regalado este libro para hacerte una invitación a reincorporarte a la vida plena.

La ocasión es hoy, ese es el lema de todos los tanatólogos.

Adiós desidia que tanto daño le hace a tu vida: «Ya llevaré el carro a revisar porque ha estado tirando aceite», pero se desvíela antes de que alcances a hacerlo. «Ya hablaré con mi hijo sobre esas compañías que frecuenta», y cuando menos ves ya adquirió hábitos que jamás hubieras pensado. «Ya encontraré el tiempo de sentarme a hablar con mi mujer», y cuando eso llega a ella ya se le secaron las palabras en la boca. Hazlo hoy, vive hoy y ya no lo postergues.

Una costumbre muy típica de nuestra provincia mexicana y seguramente de muchos lugares calurosos en el mundo es sentarse en el escalón de la entrada de su casa (el tipo de construcción en México no suele incluir un pórtico para hacerlo con sillas y todo, generalmente los patios son traseros). Fíjate cuando vayas rumbo a casa si no descubres «familias de escalón», esas que te llaman la atención y hasta puedes criticar porque parece que no tuvieran nada que hacer sentados ahí, platicando, bebiendo algo y simplemente viendo pasar los autos y las personas. En el fondo te aseguro que lo que mueve a comentar sobre ellos es una especie de envidia porque, aunque no sea tu costumbre, quisieras tener el tiempo de hacerlo, una familia lo suficientemente armónica para estar juntos sin una mesa llena de comida de por medio o alguna fecha especial marcada en el calendario; desearías no andar tan a las carreras, no necesitar mayores comodidades y coronar un día de trabajo con una convivencia real entre los tuyos, sin celulares, televisión o computadora, simplemente hablando.

Grandes series de televisión como *Los Soprano* llevan a su protagonista, que ha vivido lujos, excentricidades y un mundo de excesos, a una escena final donde sentado en una silla contempla lo que lo rodea con infinita calma. Un final digno de *El Padrino*, novela de Mario Puzo.

¿Por qué no aprender esas lecciones antes del final de la vida? ¿Por qué no modificar nuestro ritmo y ajustar la mirada antes, cuando aún nos queda tiempo, juventud y salud para compartir?

Inventos de la era moderna como «la crisis de la mediana edad» nos hacen creer que los 40 son la mitad de la vida, ¿quién dice? Puede ser que sólo vivas 41 y por tener planes a tan largo plazo no cumplas el más importante de todos: ser feliz.

¿Les digo un secreto? No es orgullo que se comparte pero yo no sabía, hasta hace muy poco, andar en bicicleta. Cuando era pequeña y debía aprender mi mamá tenía miedo de que me cayera y me hiciera daño; tenía miedo en general, pues escondía de mí cualquier paraguas —no fuera a sacarme un ojo— y si me regalaban juguetes eléctricos podía usarlos, siempre y cuando no los conectara. Al crecer me daba pena que mis amigas supieran que no sabía andar en bici entonces no asistía a las actividades que requerían demostrar esa aptitud. De adulta el miedo a caerme era mío y a hacer el ridículo también, porque sentía que me desbordaba por aquel asientito tan incómodo. Una vez viendo la película de *Kramer vs. Kramer*, en una escena que trata de probar lo buen padre que era Dustin Hoffman mientras le enseña a su hijo a montar la bicicleta, se me llenaron los ojos de lágrimas. Yo hubiera querido que mi papá me enseñara alguna vez y no fue así.

Les digo esto porque seguramente entregaré este manuscrito antes de que cierre el año y ya no podré contarles si logré o no este nuevo objetivo que hoy me propongo. No quiero morir sin andar en bicicleta con mis hijos; los tres aprendieron perfectamente de pequeños, su papá les enseñó con paciencia y amor infinito. Yo los acompañaba y me mordía los labios para no repetir la palabra aprendida en mi pasado: ¡cuidado!

Quiero y voy a pedalear con gracia y alegría este fin de año, no pienso sentarme a comer pavo y romeritos recalentados; deseo, quiero y voy a lograr cruzar un puente en bicicleta (y ojalá que mi osteopenia me esté escuchando y no vaya a querer arruinarme el numerito). No es una cuestión de capricho o necedad mía, son ganas de demostrar que cuando las cosas se hacen con un propósito y se trabaja por ello, la vida les abre camino.

Les comparto algunas de mis frases favoritas acerca del paso del tiempo y de lograr metas:

«No quiero lograr la inmortalidad a través
de mi trabajo. Quiero lograrla no
muriéndome.»

Woody Allen

«La edad es un precio muy alto que se paga
por la madurez.»

Tom Stoppard

«Toma mucho tiempo hacerte joven.»

Pablo Picasso

«La vejez es como todo lo demás. Para hacer
de ella un éxito, tienes que empezar joven.»

Fred Astaire

«La vida tiene que vivirse, no queda otra
cosa. A los setenta años, yo diría, la ventaja
es que la vida se toma con más calma. Se
sabe que ¡esto también pasará!»

Eleanor Roosevelt

Ejercicio de Cierre

¿Qué cosas deseas hacer antes de morir?

¿Qué te falta lograr y consideras muy importante?

Cosas que simplemente se te antojan hacer:

Los 10 lugares que sueñas conocer antes de que se acabe este recorrido terrenal:

Pues manos a la obra, a esta vida venimos a ser felices y ya vamos tarde.

Visualiza esto: una niña con el brazo en alto creyendo sostener lo que fue un globo. La imagen es triste, ella sigue con su manita apretada tratando de no soltar el hilo pero ya no hay tal, este se escurrió entre sus deditos y se elevó como estaba llamado a hacerlo. ¿Para qué llenaríamos un globo de helio si no fuéramos a soltarlo?, ¿para tenerlo amarrado y que el gas no cumpliera su misión?, ¿qué caso tendría que fuera ese y no un globo simplemente inflado por nosotros? De igual forma los seres humanos estamos llamados a elevarnos, a dejar esta vida terrena y trascender.

Cuando no queremos modificar aquel que fue el cuarto de una persona amada, sacar sus cosas del clóset (aunque ya no son sus cosas, pues los muertos no tienen cosas sólo poseen afectos y energías bonitas), rebautizar una habitación de la casa y dejar de mandarle mensajes cruzados a nuestra mente, es porque pensamos que así no lo dejamos ir del todo. Entendamos que el destino no pide permiso ni espera nuestra autorización para cumplirse: se ejecuta, y nuestros amores, nuestras situaciones y todo lo que creíamos nuestro se va; parte cuando tiene que partir porque para eso fue creado, para ese momento preciso se trabajó, se creció y se amó. La muerte es una graduación para quien en este plano ha cursado ya todas las materias. ¿Eres de los que tiene velas hermosas pero no las enciende nunca? ¿Ni sacas tu mejor vajilla para que no se te desacomplete? ¿No te sientas en la sala porque es para las visitas o para una ocasión especial?

Te lo digo con cariño, la ocasión especial siempre es hoy. Vive y usa tu vida completamente, no la dejes extinguir ni empolvar sin haberle dado todo el uso posible, sin haber sido feliz y luchado porque fuera contagioso.

Enciende tus velas, usa tus perfumes; se acerca el final del viaje.

Es parte de las funciones de un tanatólogo, cuando así nos lo requieren, acompañar y ayudar a una persona a quitar la casa de sus padres, poner orden en el departamento de un hermano difunto o de algún ser querido. Esto debe hacerse con total respeto y dignidad para quien ya no está, pero cuya energía aún puede percibirse entre sus ropas y papeles; sin leer nada que no fue escrito para ti, romper y destruir lo que se conservó como un secreto y así debe permanecer; sin entrometerse en la vida de otro con curiosidad o interés, simplemente honrando su memoria; poner orden exterior para que el interior empiece a no estar tan atropellado. Ante estas diligencias siempre me ha llamado la atención la cantidad de ropa sin estrenar, perfumes sin abrir y otros objetos que atesoramos; y para que no se nos gasten o acaben pronto, los conservamos intactos sin darnos cuenta de que pasarán a manos de otros que tal vez ni siquiera los valoren como nosotros lo hicimos.

¿Te acuerdas cuando te dije que había que viajar ligeritos de equipaje? Practícalo en tu vida diaria pero, sobre todo, disfrutando en conciencia las cosas llamadas a cumplir el fin para el que fueron creadas; no para acumularse ni atesorarse. Entre tus posesiones más valiosas están los te quieros, perdónames y te perdonos, úsalos. Gástate las gracias hasta que casi no puedan pronunciarse, no te veas tacaño con dar amor, gratitud y alegría porque eso te hará vivir cada día con la satisfacción del deber cumplido, con la intensidad de pensar que ese día podría ser el último de tu vida; pero que eso no te mueva a una depresión anticipatoria, sino que sea gasolina para vivirlo al máximo y gozar de todo lo que la vida tiene para darte. Y si no fuese el último, acepta el nuevo día que llega como lo que es: un regalo de vida, una maravilla, un milagro de pulsión vital que es siempre una invitación para vivir a plenitud.

La satisfacción del deber cumplido

Aquí está la clave que puede sacarte de cualquier duelo, la satisfacción de haber hecho las cosas lo mejor posible. Que no entren remordimientos, culpas o malditos «hubiera», que son como ligas invisibles que no te permiten avanzar en un tránsito doloroso.

Si la vida es un paseo, al regresar a casa después de él debes de llegar cansado, pleno y sin arrepentimientos; ese será el mejor indicador de que lo has hecho bien.

Una amiga había comprado cinco boletos para ir a Disney a modo de despedida de la niñez de sus hijos, quería darle una sorpresa a su familia y había ahorrado mucho para lograrlo. Sus hijos ya no eran tan pequeños y ella se saboreaba ir allá para verlos disfrutar tal vez por última vez, en el cierre de su infancia, de los juegos y montañas rusas. Ella en lo personal no amaba esa adrenalina pero gozaba como nadie ver sonreír a los suyos. La sorpresa se la llevó ella, pues la línea aérea contratada suspendió actividades así, de la noche a la mañana; una de las grandes líneas aéreas nacionales de nuestro país cerraba y como ella no había adquirido los boletos por medio de una agencia sino pagados directamente en las oficinas de la aerolínea, perdió el importe total de sus boletos. Jamás hubo una quiebra declarada, le sucedió como a cientos de mexicanos, se puso en una lista de espera para que algún día le reembolsaran al menos algo de lo invertido. Eso aún no sucede, pero el caso es que un amigo le ofreció por medio de su agente de viajes conseguirle otros boletos a un precio muy económico para que al menos no se quedaran sin ir al viaje. Lo malo es que en la nueva fecha que les ofrecían su esposo no podía dejar la oficina, sus hijos y ella sí podían ir y tenían ganas de hacerlo, pero se debatían con la idea de que papá no fuera. Finalmente ella decidió perder la oportunidad y esperar un mejor momento, confiada de que lo habría, para poder viajar la familia completa; desde luego le dolió no ir, pero sentía en su interior un calorcito confortante que le decía que era lo correcto, que había sido solidaria y que había hecho bien. A eso se le llama la satisfacción del deber cumplido. Es difícil expresarlo con palabras; hay que sentirlo alguna vez, como cuando en lugar de tirar la comida que no te pudiste terminar en un restaurante la pides para llevar y se la obsequias a alguien que pide dinero rumbo a tu casa, cuando desinteresadamente ayudas a alguien o cuando después de un día agotador al servicio de tu familia, al fin pones la cabeza en la almohada y te sientes bien.

En muchos trabajos, por su tipo de actividad se manejan grandes cantidades de dinero y se hacen transacciones a tipo de cambio muy conveniente; sería fácil sacar provecho de ello, usar información privilegiada o beneficiarse de algún modo con estas operaciones. Esto no es correcto, como tampoco surtir la lista de material de papelería de tus hijos en la oficina ni sacar copias o impresiones con la tinta de la empresa para la cual trabajas en lugar de pagar por ellas en una papelería. Esas pequeñas cosas no pueden medirse con un tabulador de honestidad; o eres honesto o no, no hay término medio.

Cuando actúas bien, de acuerdo a lo que te enseñaron tus padres, tienes ese contento en el alma aunque no lo veas reflejado en tu bolsillo. Puede ser que en un trabajo casi te tachen de tonto por no hacer lo que todos hacen, por no llevarte cosas a casa cuando nadie puede darse cuenta, y por ser impecable en lo que haces aun sin supervisión. Todo eso deja dormir tranquilo, en congruencia e integridad con quien tú eres. Y todos, absolutamente todos hemos incurrido en alguna falta: comprar un video pirata, no aclararle a la señorita de la tienda que omitió cobrarnos algo en la cuenta, pero lo importante es no hacer de esto una actitud ante la vida. Eso de «el que no transa no avanza» es una mentalidad pequeña para lo enorme y generosa que es la vida.

A todo puede aplicarse esa frase de la satisfacción del deber cumplido y sólo la entienden quienes la practican a diario. Viktor E. Frankl decía que al mundo podía dividírsele en dos grandes grupos (que nada tenían que ver con la religión o culto que profesaran): decentes e indecentes. No son nuestros padres ni maestros los que pueden decidir a qué grupo habremos de pertenecer nosotros, es una decisión y un actuar en congruencia muy personal.

En las relaciones que se acaban, las vidas que se consumen y los cierres de ciclo de la vida, saber que uno actuó bien te da un soporte invaluable para transitar las etapas de despedida y cierre; sin arrepentimientos, sin voltear atrás buscando dónde te perdiste; puedes avanzar con la frente muy en alto.

¿Te ha pasado que en un parque de diversiones encuentres una cartera y en lugar de quedártela o vaciar su contenido la devuelvas a la oficina de cosas perdidas por si el dueño viene a reclamarla? ¿Se te ha presentado la oportunidad de llamar al dueño de un celular que descubres olvidado en una banca para decirle que tú lo tienes y que quieres entregárselo? O bien, ¿has sido tú quien dé informes de un cachorrito extraviado o unas llaves que tienen loco a su dueño buscándolas? Entonces sí sabes de lo que te estoy hablando, de esa sensación de bienestar y dignidad humana que brota al servir y al hacer el bien sin una agenda personal bajo la manga.

Uno de los casos que más recuerdo entre mis pacientes fue el de una señora que enviudó repentinamente después de 47 años de matrimonio, todos en su familia pensaban que no iba a poder sobrevivir esta pérdida pues eran una pareja ejemplar y siempre estaban juntos; sus hijos angustiados me contactaron y me pidieron que no dejara morir a su mamá pues ellos estaban seguros de que sin su pareja, la vida no tendría sentido para ella. Cuál sería su sorpresa al ver que su madre accedió de inmediato a la consejería, se presentó puntual y arreglada en mi estudio con una sonrisa muy especial en los labios; por supuesto estaba muy triste pero decidida a seguir adelante el tiempo que le fuera concedido. Ella me contó cómo en todos esos años de matrimonio se atendieron mutuamente, se procuraban, se trataban como eternos novios, claro que tuvieron desencuentros algunas veces pero siempre los reparaban pronto y no se iban a la cama sin darse un beso y la bendición; se decían cuánto se amaban, se trataban bonito y jamás se alzaron la voz o faltaron al respeto. Ella sabía que su marido, que la consentía en todo, no la había hecho una inútil; no la ayudaba en cualquier trámite porque pensara que ella sola no iba a poder, era simplemente ese amor que le profesaba que lo llevaba a simplificarle la vida en todo lo que podía. «Cómo voy a faltarle el respeto ahora», me decía, «descuidándome o tratando mal a la que fue el amor de su vida. Ahora yo soy custodia de mí misma hasta que volvamos a encontrarnos y le rinda cuentas de cómo aprendí a cuidarme como él me enseñó, y de cómo traté a la que fue su viejita querida».

¡Qué lección tan maravillosa recibimos todos ese día, qué privilegio ser testigo de que aún existen amores así en los que se ha dicho todo, donde no faltó contacto físico ni ternura, y donde la pasión fue dando espacio a una afectividad inigualable! Decir «sin ti no puedo vivir» no es una frase digna de este tipo de amor, volver a sonreír sí es un tributo a lo mucho que se ha recibido de alguien.

Cuando tu viaje desacelera el ritmo, cuando de alguna manera sabes o presientes que la estación final está por llegar, tienes la oportunidad maravillosa de no ir al volante ni con prisas; puedes ir como en un viaje en autobús, descansando, mirando por la ventanilla los paisajes pasar y tu vida revisar. Qué angustia sería sentir que se te acaba el tiempo y aún te falta mucho por hacer, pensar que contigo se irán secretos y dejarás complicaciones para resolver los pendientes diarios de la vida de los tuyos. Por eso y porque no sabes con certeza clara cuándo habrás de parar tu andar, cada día debe de ser un escalón más que te eleve en la dirección correcta, en la sensación inigualable de que lo has hecho bien, con tus recursos y tus circunstancias, pero bien. Si quieres llegar a una dirección tienes que caminar siempre en ese rumbo y si la vida te sorprende antes con un final inesperado al menos podrás decir que lo que te faltó fue tiempo para llegar a tu destino pero no orientación ni voluntad. Entonces una sonrisa tierna, como la de mi paciente viuda aquella vez, asomará en tu rostro.

No cierro este apartado con un ejercicio, lo hago con una tarea y con ello te permito abandonar el libro por unos momentos. Ciérralo y déjalo sobre la mesita; en este momento seguramente sientes la necesidad de besar a alguien, de decirle a una persona cuánto la quieres, de llamar por teléfono a quien hoy está distanciado de ti y tú tanto quieres, o simplemente de contemplar una fotografía de quien se ha marchado adelantándose en el camino; mira ese retrato y sonríele, exprésale con tu mirada que te ha costado mucho su ausencia, que duele pero que podrás mirarlo a los ojos para decirle que seguiste adelante y tienes la satisfacción del deber cumplido.

La vida te puso a cargo de un ser pequeñito antes de darte pareja o hijos. Te puso a prueba a ver si podías cuidar de él o de ella y darle todo lo que material y emocionalmente necesitaba. Ese niño(a) es tu yo interior, ese que habita en ti y se asusta muchas veces porque siente que nadie cuida de él. Elaborar un duelo es justamente decirle a esta voz interior: «Tranquilo mi vida, yo estoy contigo. Vamos a pasar esto juntos».

En vida, hermano, en vida

Si quieres hacer feliz
a alguien que quieras mucho…
díselo hoy, sé muy bueno
en vida, hermano, en vida…
No esperes a que se mueran
¿si deseas dar una flor?
mándalas hoy con amor
en vida, hermano, en vida…
Si deseas decir «te quiero»
a la gente de tu casa,
al amigo cerca o lejos
en vida, hermano, en vida…
No esperes a que se muera
la gente para quererla
y hacerle sentir tu afecto
en vida, hermano, en vida…
Tú serás muy venturoso
si aprender a hacer felices
a todos los que conozcas
en vida, hermano, en vida…
Nunca visites panteones,
ni llenes tumbas de flores,
llena de amor corazones,
en vida, hermano, en vida…

Ana María Rabatté

Los recuerdos: tu tesoro, no tu lastre

Es una pena que ahora las fotografías casi no se impriman, antes cuando había que pensar muy bien el ángulo y la luz porque la foto no se vería hasta revelarla. Se tenían muchos álbumes en casa; queríamos atesorar cada instante vivido, cada cumpleaños, cada evento y desde luego cada viaje. Hoy día, ves la fotografía en la cámara o el celular antes y, si no te gusta, la borras y la tomas de nuevo. Todo parece más desechable en estos tiempos.

Guardas fotos porque reconoces el valor del momento vivido y quieres después recordar qué feliz estabas o qué bien la pasabas. Contemplar fotos de hace unos años siempre da nostalgia, en el momento te criticas pero al paso del tiempo te ves tan guapo, tan joven y vital que es irremediable tener añoranza.

Para salir de viaje llevabas contigo unos cinco o seis rollos fotográficos por lo menos, tenías miedo de que la película no fuera suficiente para todo lo que querías recordar después.

En muchos lugares turísticos te venden la foto para que conserves un recuerdo costoso de la visita a algún edificio, un castillo; también te ofrecen un fotomontaje con alguna personalidad del lugar. Las fotos son divertidas y de pronto te sorprenden porque descubres en ellas que tienes en la cara una mancha de la cual no te habías percatado, o que el tinte o esa ropa que traías puesta se te veía fatal cuando creías que estabas perfecta. Te da perspectiva verte impreso en un papel, plano, sin dimensión y donde tu expresión tiene que hablar por ti.

Un recurso de consejería tanatológica es ponerle rostro a la historia; pedirle al usuario que traiga fotos de él mismo en diferentes etapas de su vida. Es como asomarte a su pasado desde el punto de vista de su ánimo.

La tanatología estudia mucho cómo los recuerdos de una persona amada que ya no está contigo se vuelven fotografías mentales de increíble nitidez. Recuerdas las palabras que te dijo cuando sin saberlo, sería la última que lo verías. Todo aquel terrible día, paso a paso se puede quedar grabado en tu memoria como un cortometraje que repites una y otra vez en tu cabeza.

Es desde el ejercicio de gobierno de tus propios pensamientos que puedes seleccionar con qué imágenes te quedas y cuáles sueltas porque, lejos de aportarte algo, te impiden avanzar en tu proceso de duelo. No eres víctima de ataques mentales donde los pensamientos llegan y como en una invasión bárbara se apoderan de tu mente y raciocinio. Si alguien golpeara a la puerta de tu casa y ante tu pregunta de quién se trata, te respondieran que es alguien que viene a dañarte, por supuesto que no lo dejarías entrar. ¿Por qué entonces dejas entrar e instalarse a los pensamientos de culpa y reproche que llegan con el afán de lastimarte, encadenarte y crearte angustia? Puedes detenerlos, ser el portero de esa otra casa que se llama mente y que suele ser el depredador más feroz y eficaz del hombre.

Cuando se termina una relación, por ejemplo, quedarte demasiado tiempo pensando qué hiciste mal, qué te faltó hacer o simplemente recriminándote que hiciste mal las cosas, no tiene sentido alguno. Haz una revisión, un balance general de lo vivido y del aprendizaje que extraes de eso, lo demás hay que soltarlo porque son amarras que te impiden volver a navegar.

«Conocimiento es aprender algo nuevo cada día. Sabiduría es dejar ir algo cada día.»
Proverbio Zen

Considera que muchas de las pérdidas que tienes en la vida, a la larga resultan ser bendiciones no pedidas, regalos que la vida te da y que de momento no sabes identificar como tales. Sientes que la vida se te acaba cuando terminas tu relación con aquel novio que amabas tanto, o bien, cuando te despiden por primera vez de un empleo y sientes que no vas a volver a encontrar otro igual. Tu felicidad es tan frágil que se desmorona ante estos acontecimientos, pero creo que es porque no has aprendido bien lo que es la felicidad y cómo funciona.

Vale la pena, antes de concluir este viaje literario, que hagamos un alto para saber lo siguiente: la mayoría de las personas creen que el orden correcto de las cosas es trabajo duro = éxito = felicidad, pero en realidad es todo lo contrario.

Felicidad = éxito: la felicidad es un precursor del éxito porque cuando eres feliz tu cerebro trabaja mejor. De hecho está diseñado para que así sea, me imagino que en el diseño original se contemplaba que el hombre no tenía por qué ser infeliz y sin embargo el recurso más escaso que se encuentra hoy en día en el mundo no es el agua sino la felicidad.

Si entendieras que estar triste es un estado de ánimo pero la felicidad ante la vida es una actitud, podrían pasarte eventos fuertes –y nótese que no digo «malos»–, como que las cosas no salgan como tú las planeaste, que tu hijo resulte tener una preferencia sexual diferente cuando tú ya imaginabas tener nietos y familia extendida, que tu pareja te confiese que te ha sido infiel... y sin embargo seguir siendo feliz.

Seguro que tu cara en este momento es de confusión pero la verdad es que la felicidad es a pesar de y no gracias a. Si esperas a que todo sea perfecto y no tengas ningún problema para ser feliz, creo que entonces no lo serás nunca. La felicidad está diseñada para ayudarte a enfrentar estos problemas, tomarlos desde otro ángulo y ser creativo para la resolución de conflictos.

Jorge Bucay comentó una vez en un programa de televisión que él estaba feliz en el entierro de su madre. Ante la cara de asombro de las entrevistadoras explicó: «Yo estaba infinitamente triste porque no volvería a verla, pero estaba feliz porque habíamos tenido una extraordinaria relación donde no nos faltó decirnos nada.» Tristeza y felicidad no son antónimos, triste y contento sí lo son. La felicidad es una forma de vivir en la que yo decido serlo sin importar lo que pase y elijo defender esa felicidad por encima de lo que sea. La tristeza es un estado de ánimo y la felicidad un sentimiento generalizado.

Los recuerdos que podamos tener no son un peso que le añades al barco que te transporta, no son un lastre que te haga andar más lento, son tesoros inconmensurables que te llenan el alma y te dan la sensación de que este trayecto ha valido la pena.

Cuando alguien que amas muere tienes que aprender a tener con él una relación sin verlo o escucharlo, sin poder tocarlo, tan sólo sentir que está ahí contigo. Si hasta ahora has creído en algún Dios, entonces ya sabes bien cómo hacer esto, porque a Él jamás lo has visto y sin embargo sabes que existe para ti. A esto se le llama una relación metafísica, que nada tiene que ver con ajos y brujería, tiene que ver con ir más allá de lo físico, de la información que nos dan los sentidos. Se trata de escuchar no con los oídos sino con el corazón, tocarte no con el tacto sino con el pensamiento, sentirte no con la piel sino con el alma.

Mucho se ha dicho que la persona que está próxima a morir ve pasar ante sus ojos en fracción de segundos una película de su vida. No toda claro está, pero hace una selección de escenas que lo llevan a un balance final en el que puede decir si ha sido feliz o no.

Editar una cinta es un proceso muy difícil, ¿qué quitas?, ¿qué conservas?, ¿a qué le das mayor relevancia y qué decides ignorar? Se necesita un buen director que coordine estos esfuerzos. Ahora imagina editar tu vida, hacer una selección de las mejores escenas, un extracto del mejor jugo de tus vivencias. Te quedarías con los momentos más sencillos pero profundos de tu vida. No importaría el lujo o el escenario sino las personas y los sentimientos. No entiendo entonces por qué ponemos tanto énfasis en el tener y no en el ser. Cuando vienen momentos de crisis en la vida no es tan importante lo que estás haciendo sino quién estás siendo en ese tiempo de dificultad.

Ejercicio de Selección

Imagina una película de tu vida, ¿cuál sería el título?

Selecciona diez escenas que hasta el día de hoy conformarían una buena sinopsis de tu vida

¿Consideras que el final de una película es su momento más importante?

¿No será de igual importancia su principio, la parte media y el final?

Una infancia feliz no es garantía de una vida feliz; infancia no es destino, como aseguraba Sigmund Freud y queda probado con cientos de casos de niños en situación de abandono, pobreza o enfermedad, que resurgen como el ave fénix y consiguen una vida adulta feliz y próspera. Se les conoce como «flores de basurero» y estoy segura de que conoces algunas.

No creo que exista una vida sin problemas, pero si hay problemas es porque también hay soluciones. Como esos objetos extraños que venden en las tiendas y nos preguntamos quién sería capaz de comprar algo así, pues si se vende es seguro que es porque hay quién lo compre. Si se nos presenta una dificultad es correcto pensar que hay caminos para resolverla, pero algunas cosas que consideramos problemas no son tal, son sólo situaciones por vivir.

Lo único definitivo e irremediable es la muerte, pero definitivo e irremediable para quién murió y no para quien se queda; el que vive no ha terminado aún con su destino y no puede decretar que será eterna su tristeza por la ausencia de quien ama, porque esa no es una buena forma de honrar su memoria. Es servir un postre horrible a una comida majestuosa.

Los Reyes Magos escogieron oro, incienso y mirra como regalos para el niño Jesús, lo hicieron así porque eran objetos valiosos y simbólicos en su época. Si tú quisieras alabar a alguien, demostrarle en un presente lo que sientes por él o ella, ¿escogerías las lágrimas como tributo? No creo que la depresión y la desesperanza sean buenos materiales de construcción para el templo que deseas crear. Y qué importa que a veces la sociedad parezca premiar a quien sufre eternamente, llamándolo buen hijo porque extraña a su madre, o buena esposa porque no volvió a bailar ni sonreír desde que su pareja murió. La sociedad como ente no favorece el duelo sano, fomenta la victimización; critica y juzga sin saber. Las personas te observan paso a paso cuando has sufrido un duelo porque quieren comparar cómo estarían ellos si les hubiera ocurrido esa misma pérdida en su familia, por eso no debes esperar a que te cobijen y te soporten para salir adelante de un dolor. Tienes tesoros que son tus recuerdos, tienes actitud para seguir adelante y, como dije hace unas páginas, tienes la satisfacción del deber cumplido. Nadie es perfecto, no intentes que serlo sólo porque parece ser la obsesión de este siglo y eso solamente te llena de frustración y enojo; perfecto no, pero feliz sí.

Pregúntate: ¿Cuándo ha habido esto en mi casa, yo qué he puesto?

Ofensa
Discordia

Error
Duda
Desesperación

Todo en esta vida es temporal, por eso me ayuda mucho repetirme a mí misma en momentos difíciles «por ahora». Que estoy triste... por ahora, que extraño a alguien... por ahora, que estoy gorda... por ahora. Así se pasa la vida, y habría que agregar para tomar conciencia: estoy vivo... por ahora.

La marioneta

Si por un instante Dios se olvidara de que soy una marioneta de trapo, y me regalara un trozo de vida, posiblemente no diría todo lo que pienso, pero en definitiva pensaría todo lo que digo.

Daría valor a las cosas, no por lo que valen, sino por lo que significan.

Dormiría poco y soñaría más, entiendo que por cada minuto que cerramos los ojos, perdemos sesenta segundos de luz.

Andaría cuando los demás se detienen, despertaría cuando los demás duermen, escucharía mientras los demás hablan, y ¡cómo disfrutaría de un buen helado de chocolate...!

Si Dios me obsequiara un trozo de vida,
vestiría sencillo, me tiraría de bruces al sol,
dejando al descubierto no solamente mi cuerpo,
sino mi alma.

Dios mío, si yo tuviera un corazón...
escribiría mi odio sobre el hielo,
y esperaría a que saliera el sol.

Pintaría con un sueño de Van Gogh sobre
las estrellas, un poema de Benedetti
y una canción de Serrat sería la serenata
que le ofrecería a la luna.

Regaría con mis lágrimas las rosas,
para sentir el dolor de sus espinas,
y el encarnado beso de sus pétalos...

Dios mío, si yo tuviera un trozo de vida...
no dejaría pasar un sólo día sin decirle
a la gente que quiero, que la quiero.

Convencería a cada mujer de que ella
es mi favorita y viviría enamorado del amor.

A los hombres les probaría cuán equivocados
están al pensar que dejan de enamorarse
cuando envejecen, sin saber que envejecen
cuando dejan de enamorarse.

A un niño le daría alas, pero dejaría que él solo
aprendiese a volar.

A los viejos, a mis viejos, les enseñaría que la
muerte no llega con la vejez sino con el olvido.

Tantas cosas he aprendido de ustedes
los hombres...

He aprendido que todo el mundo quiere vivir
en la cima de la montaña,
sin saber que la verdadera felicidad está
en la forma de subir la escarpada.

He aprendido que cuando un recién nacido
aprieta con su pequeño puño por vez primera
el dedo de su padre, lo tiene atrapado
para siempre.

He aprendido que un hombre únicamente
tiene derecho de mirar a otro hombre
hacia abajo, cuando ha de ayudarlo a levantarse.

Son tantas cosas las que he podido aprender de
ustedes, pero finalmente de mucho no habrán de
servir porque cuando me guarden dentro de esta
maleta, infelizmente me estaré muriendo...

Johnny Welch

Nada que hayas vivido debe de convertirse en un lastre, un peso que te impida andar con libertad. Lo vivido, lo aprendido, lo atesorado se suma a tu vida y se te adhiere a la piel sin carga adicional, no te resta ni velocidad ni calidad de vida ni mérito alguno. Por esta simple razón es que creo que puede salirse avante de cualquier duelo, porque el amor te da unas fuerzas extraordinarias que te permiten mover toneladas de historia, aguantar años de espera antes de un reencuentro, sobrellevar con elegancia y estilo una nueva rutina. Por amor, y sólo por amor, se vive después de un dolor muy grande.

Ahora eres vela, no ancla

Jamás he viajado en un bote de vela; se necesitan habilidades para poderlo navegar. Es muy difícil que estés abordo en calidad de pasajero, se te asignará una tarea, una responsabilidad. Recuerdo a Galia Moss, velerista mexicana quien decidió cruzar sola el océano Atlántico desde España hasta Quintana Roo para apoyar una causa y construir casas para personas necesitadas. El recorrido, su soledad y su vivencia resultaron ser causa en sí mismos y aprendizaje a la vez.

Ella necesitó determinación, valor y confianza en sus habilidades para realizar tal proeza; su recorrido es equiparable al trayecto de una vida porque aunque estemos rodeados de personas hay sucesos que vivimos en profunda soledad: el nacimiento, el dolor, la pérdida, la enfermedad y la muerte. En todos ellos demostrarás de qué estás hecho, echarás mano de todos tus recursos tanto físicos como intelectuales y espirituales; tu misión será cruzar la meta y llegar a tierra firme. Creo que no se trata de batir récord de tiempo sino de llegar feliz.

Imaginemos, y esto hagámoslo juntos, que el fin de nuestro viaje ya está cerca. Volver a casa puede significar morir a la vida como la conocemos. Ya no podemos negociar una prórroga, ahora nos toca ser vela y no ancla, no frenar, no obstaculizar, no complicar, sino permitir ser vehículo del destino: dejarte alcanzar.

Muchas veces en la vida has sido tu peor enemigo, te has dicho cosas terribles, te has regañado y enojado contigo mismo por años. Inclusive ahora puede que haya algo que aún no te perdonas. Olvidas que cada vez que se perdona a alguien el cosmos entero se modifica, así de grande es la fuerza del perdón y el amor que se esconde tras ello. Te has boicoteado, desertado de dietas, planes, proyectos y esfuerzos que significaban algo para ti, dejaste de creer o de soñar y no sé en qué minuto la vida se te volvió tan seria, tan llena de responsabilidades y complejidades que te dejan un margen muy pequeño para divertirte y reír.

A todo matrimonio joven le llega a pasar esto, la luna de miel se acaba, ya no tienes la misma disposición que al principio para cenar «amor» si el dinero no alcanzaba para más. Llegan los hijos, las obligaciones (maravillosas, pero obligaciones al fin), las desveladas, el cansancio y la rutina; la vida se torna compleja y en lugar de entender que lo que te está pidiendo es un esfuerzo mayor para seguir contento, dejas de sonreír. Todo eso por lo que te enamoraste de tu pareja sigue ahí, lo trae puesto pero recubierto de un montón de frustraciones, polvo y tiempo. A sacudir todo aquello es a lo que deberían de enseñarnos en los cursos prematrimoniales, decirnos que el matrimonio no debe conservarse sino mejorarse cada día.

Pero hoy te es anunciado que queda poco tiempo, y esto es un regalo incalculable; ya no puedes detener que esto ocurra ni tirarte al piso o clavarte en el fondo del mar. No tiene sentido, esto está pasando, tu vida está terminando y junto con ella este recorrido maravilloso lleno de aprendizaje y paisaje, de amor y recuerdos, de arte y creación. Qué maravilla el trayecto recorrido, cuántos kilómetros andados y ahora la meta está ya tan cerca. (Si tienes incomodidad con la sola idea de la muerte, recuerda leer *Elige no tener miedo*, que justo trata el tema del miedo a la muerte.)

Te dejo tres opciones y puedes elegir la que gustes. Exactamente así es la vida, siempre tienes opción de elegir aun en las circunstancias en que te sientes atrapado.

A) Puedes sufrir este poco tiempo que te queda, empezar a lamentarte de lo que no hiciste, arrepentirte de lo que hiciste de más y maldecir el que tengas que irte.

B) Aprovechar cada instante que te queda sin pensar que se acaba sino que está; abrazar a los tuyos y decirles cuánto los amas y que estás seguro de que ellos lo han sentido y han aprendido de tu amor. Comer rico, bailar, escuchar música, escribir un poco; tal vez unas cartas para quien ya no alcances a ver. Si queda algún perdón por conceder, ahora es cuando. Ya no dejar instrucciones, ya hiciste mucho de eso en vida, sólo decir gracias y darte unos buenos besos con la persona amada.

C) Dormirte, evadirte para que ni te des cuenta cuando suceda. Si ya sabes que va a acabar pues de una vez, rápido, para que no prolongues el momento. Nada de despedidas, ni emociones.

¿Ya elegiste? ¿Fue fácil hacerlo?

Pues déjame decirte que este fue sólo un simulacro, un recordatorio de que aunque no estás por morir, sí puedes empezar a vivir de acuerdo a la opción que hayas escogido. No esperes hasta el final, final. Vive ahora que, dure lo que dure la vida siempre es corta para todo lo que hay que hacer en ella.

Como vela movida por el viento, colocada en la posición correcta avanza sin ancla ni amarras; la queja y lamentación no ayudan para nada, siente la libertad. La maravillosa libertad de elegir ser quien quieres ser en este momento y para el resto de tu vida, justo eso es descubrir la tanatología como herramienta de vida. Sobre la muerte hay poco que hacer pero sobre la vida, todo.

«La vida más larga y la vida más corta tienen la misma equivalencia, pues el presente es de igual duración para todos.»

Marco Aurelio

Fin del trayecto: el reencuentro

Qué cansado llegas de un viaje, se hace presente la necesidad de un descanso después de la vacación pero esto es prácticamente imposible. Como te gusta disfrutar hasta el último minuto, llegas un domingo por la noche cuando hay que presentarse a trabajar el lunes a primera hora. Aun así, lo bailado ni quien te lo quite.

Volver a casa, si te gusta tu realidad y no tomas los viajes como una vía para evadirte de ella, es siempre gratificante. Ya quieres tu baño, tus cosas y hasta tu privacidad cuando el viaje te obligó un poco a convivencia extrema con otras personas o miembros de la familia; puedes quererlos mucho, pero ocho días y cuatro personas con un sólo baño es demasiada intensidad.

Cuando la vida se te está acabando hay algo que te da ilusión, claro que no quieres irte y extrañarás a los que dejas atrás. Te da una especie de nostalgia por lo que aún no pierdes, y lloras tan sólo de imaginar que la vida seguirá sin ti. Sabes que tu ausencia dolerá porque cada uno es importante y porque tú cuentas. Pero sobretodo, no quisieras tener que perderte las graduaciones, las bodas, los nacimientos de esta que llamas con tanto orgullo tu familia. Pero por otro lado, la sola idea de reencontrarte con tus padres, tus hermanos o familiares que han partido antes que tú te conforta el alma. Tienes tus dudas, nadie lo sabe de cierto pero lo supones, lo has escuchado, conoces historias al respecto.

A lo largo de estos años como tanatóloga me han hecho tanto esa pregunta, y muchas veces la regresé al lado de la mesa de ping pong de quién me la arrojó con un clásico: «¿Y tú qué crees?» Ahora sí me voy a tomar la libertad de explicar desde mi muy particular punto de vista lo que creo sobre el reencuentro con los seres amados una vez que abandonemos esta vida terrenal.

Advierto que lo que sigue es en estricta forma mi sentir y pensar, no estoy documentándolo en algún libro o teoría. Se basa en lo que he aprendido de mis pacientes terminales, de quienes han estado prácticamente muertos por segundos y la medicina moderna logra regresarlos (en realidad no era todavía su momento pero la ciencia se pone sus medallas). Es lo que siento, en esa parte humana del ser tan difícil de explicar y tan clara de experimentar, que es la fe.

La vida aquí y ahora, como la conocemos, es espectacular. Me siento una privilegiada de vivir, de saber lo que es el dolor y también lo que se siente estar feliz. Amo que haya cosas que me emocionen hasta las lágrimas, pero me lamento y sufro porque existen la violencia, la injusticia y mucho abuso. Considero que no estamos separados de Dios (el que cada uno decida reconocer como fuente inagotable de amor), que Él celebra nuestra humanidad y la manera que tenemos de reaccionar ante los retos de la vida.

Traje tres hijos al mundo, planeé cuatro pero para uno todavía no era su momento, igual lo esperé con ganas, con enormes deseos de mostrarle lo que es la vida y por qué me gusta tanto vivirla. Si no creyera que el mundo es maravilloso y que el encuentro con personas significativas lo hacen una experiencia indescriptible, no hubiera querido tener hijos.

Pienso que la fuerza del amor es tan grande que rebasa las barreras de la vida y la muerte –la vida es más grande que la muerte–, que no hay distancia y tiempo suficientemente poderosos que puedan separar por completo dos almas que se han querido y encontrado así.

Siento en el corazón, y en la paz de la boca del estómago, que cuando muera me voy a reencontrar con todos mis seres queridos que han muerto antes que yo. Inclusive con ese bebé que no nació y que sabré reconocer porque allá, dónde estemos, no será necesario un nombre ni un cuerpo ni una talla ni un color de cabello. Seremos energía pura, luz transformada y nos sabremos reconocer para volver a estar juntos.

Sé que muchos autores piensan igual que yo pero no se atreven a decirlo a voz propia, lo ponen en lo que le ocurre a un personaje de sus novelas, lo relatan incluyendo ángeles y mensajes que reciben sus protagonistas. Esta no es una novela, ni siquiera lo llamaría yo un libro de autoayuda, este es un viaje y cuando uno regresa de él como en vuelo de línea aérea española, hay un montón de gente esperándonos en el aeropuerto; quieren que les contemos cómo nos fue, si el viaje fue lo que esperábamos, si superó expectativas o nos desencantó. Ten listas tus respuestas, te estarán esperando a tu llegada.

Siento que hablaremos sin mencionar palabra, como en esas maravillosas sesiones con mis pacientes de accidentes vasculares u operaciones de piso de boca y lengua. Con estar en presencia del otro sabremos lo que ha pasado y que estaremos bien.

También confío que aunque ahora sea nuestra mayor esperanza y deseo, cuando alcancemos nuestro destino final, la vuelta a CASA –como la llamé antes–, estaremos también frente a la presencia de nuestro creador. La fuente primaria de toda esa energía, y entonces será tal la alegría y la plenitud del encuentro que todo lo demás palidecerá ante lo que estaremos sintiendo; el fin último de la muerte no es el reencuentro con nuestros muertos. En vida nos es difícil entender que la religión no se trata sólo de obedecer a Dios sino de tener una relación con Él. Dios es bueno todo el tiempo y sin embargo los que no nos portamos tan bien somos nosotros queriendo que Él haga magia y nos cumpla nuestros deseos. Nos sentimos decepcionados cuando no salen las cosas como queríamos a pesar de habernos portado bien pero nadie nos prometió que no habría muerte, enfermedad o accidentes en nuestra vida mortal. Si no hubo promesa no hay traición.

Segura estoy que en el momento de morir ya no necesitaremos nada, no habrá deseos ni expectativas ni frustración alguna. Seremos amor total y nos convertiremos en parte de esa arena que alguna vez pisamos en la playa, en brisa que acarició nuestro rostro, en agua que bebimos y en espacio de los lugares visitados; volveremos a estar en las carcajadas de los niños, en el estrambótico baile de los jóvenes, en los esfuerzos adultos y en el pan de dulce con café de los mayores.

Si pudiéramos en verdad sentir que quien hoy no está a nuestro lado realmente sí lo está pero a otro nivel, en otra dimensión, creo que nunca volveríamos a sentirnos solos. No creo que nos vean desde el «cielo» porque nos verían sufrir y extrañarlos y no podrían hacer nada al respecto. Morir no nos convierte en dioses ni nos otorga poderes aunque en México nos encante encomendarnos a nuestros muertos y sentir que tenemos influencias allá arriba que intercedan por nosotros.

Muchos tanatólogos han llamado a la muerte una transición, porque más que un final puede que sea solamente un cambio de estado, una evolución.

Todo esto se dará cuando sea nuestro momento de partir, será cuando tenga que ser y la espera en sí es el viaje del que hemos estado hablando en páginas anteriores.

Cada segundo cuenta y como en un buen partido de futbol, no puedes abandonar la cancha antes del silbatazo final. Todo puede pasar, lo que esperas y lo que te sorprende, lo que deseas y lo que mereces. Abre los ojos completamente, no existe tal cosa que ser un espectador; todos estamos jugando. Todos compartimos la misma pasión aunque portemos playeras de equipos diferentes.

Cuando alguien asiste a una constelación familiar no se sienta simplemente ahí a ser un espectador: todos participan con uno u otro papel como en la vida real. Tu vida no es sólo contemplar el triunfo de los demás, ni cómo se aman o se divierten. La vida está ahí para que la vivas intensamente y descubras que para ti también es posible la felicidad. Decía Mario Benedetti que la siesta es el merecido descanso que duermen los otros, pero la vida es el itinerario que recorremos todos.

Hemos llegado al fin de trayecto. Es momento de cerrar los ojos, revisar mentalmente la valija que teníamos destinada para este último viaje y decirle adiós a su contenido. Finalmente no nos llevaremos nada material, se irán con nosotros todos los abrazos sinceros que hayamos dado, las veces que nos alegramos por la felicidad ajena, el hermoso sentimiento de haber amado y haberte entregado en cuerpo y alma, nos llevaremos los ojos llenos de los lugares visitados, nuestro visado emocional se irá lleno de sellos de todos los sentimientos que tocamos. Quedaremos impregnados de los paraísos que disfrutamos, aunque a veces sea tan sólo pasar una tarde en casa, en familia. Qué curioso irnos llenos y, a la vez, sin un sólo objeto en las manos.

Así es que más te vale haber usado mucho esa ropa que te encantaba, no haber guardado los manteles y vajillas buenas para ocasiones especiales, porque cada día lo es y en ese momento lo entenderás. Usa las servilletas de tela todos los días, si se manchan o se percuden, bien por ellas, para eso fueron creadas y cumplieron su propósito.

Ninguno de mis pacientes me ha comentado jamás sobre las servilletas tan almidonadas e impecables que heredó de su mamá. Si se despostilla un plato, es sólo señal de que se usó. Si no está completo el juego de copas significa que hubo motivos para brindar, y si los sillones de la sala ya muestran señales del paso del tiempo, será porque ese hogar tuvo vida y se vivió en todos sus rincones sin que hubiera espacios destinados únicamente para las visitas, que al fin y al cabo muchos de ellos ni tiempo tendrán de ir a tus misas o funeral.

La fecha no nos será anunciada, debes vivir la gracia de cada día como si ese fuera el final del viaje pero no para que sufras con ello sino para que lo goces y no cometas la tontería de acostarte enojado con un hijo, peleada con tu pareja o distanciada de tus padres. Haz lo que tengas que hacer hoy para que si hay un mañana puedas vivirlo sin trabas pero, si no lo hay, tampoco surjan arrepentimientos.

Cómo agradezco compartir este viaje con ustedes, mis lectores. Han sido mi motor y con sus correos, mensajes y contacto en redes sociales los mejores cómplices y co-creadores de lo que aquí hemos vivido. Estoy segura que tenerlos en mi vida corrobora el concepto de Calderón de la Barca: la vida es sueño.

Si al cerrar este libro te das cuenta de que aún hay respiración en ti, de que los latidos no han cesado, ya sabes lo que tienes que hacer. ¡A vivir!, que como decía William Shakespeare, justo eso hay que hacer antes de morir.

Agradecimientos

Quiero agradecer de manera muy especial a varias personas porque sin ellas el escribir y publicar este libro no hubiera sido la aventura maravillosa que ha resultado ser.

A mis pacientes, siempre y de todas las formas posibles, gracias por su confianza, sus lágrimas y porque me permiten crecer con ustedes.

A Doris Bravo la editora de *Cómo curar un corazón roto* y *Elige no tener miedo*, quien creyó en este nuevo proyecto, en mí y a quien considero una de mis maestras y amigas más cercanas: mi gratitud siempre.

A Fernanda Gutiérrez Kobeh mi editora actual cuya juventud y entusiasmo son maravillosos. Tengo muchas amigas, buenas, buenas, buenísimas. Imposible mencionar a todas, pero de manera especial a:

- Diana Penagos, por su hermandad conmigo, porque hace que cada logro sea doblemente significativo ya que podemos compartirlo.
- Gisela Zavala, por su tenacidad y presencia en mis momentos especiales, sin importar la distancia que tenga que recorrer para ello.
- Graciela Urruchúa, por su maravilloso ejemplo de fe, servicio y porque su conocimiento y congruencia en el tema de la religión me inspiran; aprendo mucho de ti, amiga.
- Diana Gómez mi primera amiga, mi hermana escogida.
- Ceci González y Pilar Soria por la linda amistad que hoy hacemos extensiva a nuestras familias.
- A Sionín, cuyo valor y esfuerzo diario me motivan; eres un ejemplo que quiero seguir.
- A Alejandra, Elvira, Layda, Mathi, Mina y Tony, quienes hemos formado un grupo donde pasamos de la risa más superficial a la reflexión más profunda en dos instantes. Reír es muy importante en mi vida, gracias por eso; siento su apoyo y cariño.
- A mis alumnas del Diplomado: qué privilegio ser parte de sus vidas y que ustedes lo

sean de una manera tan especial en la mía:
Ana Mary, Christhel, Lea, Martha, Ninfa,
Pilar, Susy, Virginia y Yazmín.

Finalmente cierro con mi agradecimiento eterno
a los que frente a pantallas y micrófonos han sido
generosos conmigo y me han permitido compartir este año sus espacios. Sin ustedes mi mensaje
no hubiera sido escuchado, me han hecho llegar a
rincones del mundo en los que jamás soñé sem-
brar una semilla de pensamiento positivo ante la
pérdida:

Dr. César Lozano, Maxine Woodside, Jessi-
ca Díaz de León, Enrique Campos Suárez, Clau-
dia Arellano, Ricardo Rocha, Mónica Venegas,
Iñaki Manero, Fortuna Dichi y Tere Bermea. A
los programas *De Buenas* y *Nuestro Día* y, claro
está, a Martha Debayle, quien prologó este libro
y me permite siempre llegar a sus hogares a través
de su programa de radio en la W y mensualmen-
te en la publicación de la revista *Moi*; es de mis
grandes orgullos saberme merecedora de su confianza y amistad. Martha, gracias por todo lo que
has traído a mi vida y a la de miles de personas a
quienes sin darte cuenta les haces el día puntual-
mente a las 10:00.

Por último, y para tener un cierre de oro, agradezco a mi familia: Luis, mi esposo y maestro de
andar en bicicleta; mis hijos Luis Alberto, Eduar-

do y Bernardo, que son un verdadero tesoro cuyo valor es de proporciones incalculables en mi vida; y a mi mamy: la Gran Señora Nelly Islas; ma, soy tu fan.

Citas

1) MONTERO, Rosa, *La hija del Caníbal*, Ed. Espasa, 1988, Madrid, España.

2) CORTÁZAR, Julio, *Historias de cronopios y de famas*, Ed. Minotauro, Buenos Aires, Argentina, 1976, pág. 27.

3) KÜBLER-ROSS, Elisabeth, *Sobre la muerte y los moribundos*, Ed. Mondadori, Barcelona, España, 1969, pág. 28.

4) KÜBLER-ROSS, Elisabeth, *La rueda de la vida*, Ed. Punto de Lectura, Madrid, España, 2001, pág. 325.

5) BUCAY, Jorge, *De la autoestima al egoísmo*, Ed. Océano, México, pág. 70.

6) BEATTIE, Melody, *Ya no seas codependiente*, Ed. Patria, México, 1991, pág. 16.

7) NEIMEYER, Robert A., *Aprender de la pérdida*, Ed. Bolsillo Paidós, Barcelona 2007, pág. 37.

8) NEIMEYER, Robert A., *Aprender de la pérdida*, Ed. Bolsillo Paidós, Barcelona 2007, pág. 72-73.

9) CORTÁZAR, Julio, *Rayuela*, Ed. Sudamericana, Buenos Aires, 1973, pág. 19.

Bibliografía recomendada

BUCAY, Jorge. *El camino de las lágrimas*, Ed. Océano, Colección Hojas de ruta, 5ª. reimpresión, México, 2003.

KÜBLER-ROSS, Elisabeth. *Una luz que se apaga*, Ed. Pax México, México, 1985.

MARTIN, John D. y Frank D. Ferris. *I can't stop crying*, Ed. McClelland & Stewart, Toronto, 1992.

RAMÍREZ, Santiago, *El mexicano, psicología de sus motivaciones*, Ed. Grijalbo, México, 10ª edición, 1977.

TATELBAUM, Judy. *The courage to grieve*, Ed. Harper, Estados Unidos, 2008.